アシュタール
宇宙船内セッション

並木良和
テリー・サイモンズ
穴口恵子

ヒカルランド

★並木良和 —— 本書へのメッセージ

皆さん、こんにちは、並木良和です☆

これから地球は、
本格的な宇宙文明を迎えることになります。

そのエキサイティングな時代に向けて、
本書からアシュタールを始めとした
宇宙連合のエネルギーを受け取っていただけたらと思います。

それは、あなた自身が銀河人類となる準備になることでしょう。

頭の働きを休め、
ハートをオープンにして感じ取っていただけたら幸いです☆

★テリー・サイモンズ ── 本書へのメッセージ

アシュタールの叡智がこうして本として出版されることは、なんと喜ばしいことでしょうか。
アシュタールの言葉は強い力に満ちていて、その知恵は偉大です。
私は皆さんがこの本から多くを得てくださることを確信しています。
この本は3人の著名なチャネラーによって降ろされた宇宙の理解がぎっしり詰まっているのです。

アシュタールフェスティバルは、
私が2019年秋に日本ツアーを行っていた際に開催されました。
穴口恵子さん、そして並木良和さんとともに、
私はアシュタールをチャネリングするよう依頼されました。

なんという光栄なことでしょうか。
穴口恵子さんとは、
これまで何度も一緒にお仕事をさせていただいています。
私たちが共に作り上げるステージはマジカルで溢《あふ》れています。
いつも宇宙の力がそこに働いていて、
参加者の皆さんに高次の情報をお届けすることが出来るのです。
恵子さんと共にステージに立てることは、
光栄なことであり、とても特別なことであると毎回感じています。

恵子さんという存在への尽きることない深い感謝とともに、
私はこれまで長年にわたって株式会社ダイナビジョンを通して
アシュタールのトランス・チャネリングを日本の皆さんにお届けしてきました。
10年以上の長期にわたり、恵子さんとダイナビジョンのメンバーは、
私が愛の真実をこの世界に伝えることを支えてくれています。
この本には、私がチャネリングした
11次元の存在であるアシュタールの言葉を通して、

この地球上での成長の体験に役立つ情報が書かれています。
並木良和さんとは、この2019年に開催された
アシュタールフェスティバルで初めてお会いしました。
彼と同じステージに立てたことを心から嬉しく思います。
私たち、それぞれのチャネリング方法は異なりますが、
もたらされる情報はすべて深い叡智に満ちています。
並木さんは、アシュタールのまた別の側面をこの光の世界に降ろしています。
このイベントでご一緒できたことを光栄に思います。

この本を手に取ってくださった皆さんが、
アシュタールの叡智が詰まったこの本から
多くのものを受け取られることを確信しています。
彼は私たち一人ひとりの心に語りかけることのできる
偉大な教師なのですから。
11次元のアセンデッド・マスターであるアシュタールに
どうかあなたの心を開いて、この本を楽しんでください。

★穴口恵子──本書へのメッセージ

アシュタールフェスティバルは、世界史上初めて行われた
スピリチュアル業界での初めてのイベントとなりました。
同じアセンデッド・マスターを
違う人／スピリチュアルリーダーたちが集って、
一緒にアシュタールを呼んで、
メッセージを伝えたり、エネルギーワークをしたり、
ヒーリングをしたりすることは、今までなかった話です。

この時代になぜ、これが起きたのか？
それはアシュタールがこのように言っています。

愛と平和を生きる世界には、垣根もなく、
どのスピリチュアルリーダーが上であったり下であったり、比較も競争もなく、
真実を分かち合うビジョンとミッションが共有されて、
共同創造が可能になった、と――。

その結果、アシュタールフェスティバルは大盛況となったのです。

まだ、アシュタールを知らない方、
このフェスティバルを初めて知った方にも読んでいただき、
このフェスティバルで起きたエネルギーを
本書を通して、受け取っていただきたいのです。

本書を手にとって、
アシュタールのエネルギーに触れていただき、
目覚めるためのレッスンを受け取って、
愛と平和の中で自分のパワフルな存在に気づいて、

人生を送っていただけたら幸いです。

アシュタールと私たちが共同創造した愛の周波数に触れて、
あなたの人生が今以上に
幸せが訪れますように、心より祈っています。

カバーデザイン　三瓶可南子
本文図版イラスト　浅田恵理子
編集協力　ダイナビジョン／中田真理亜
校正　麦秋アートセンター
本文仮名書体　文麗仮名（キャップス）

目次

Part 1

穴口恵子×アシュタール

Part 2 テリー・サイモンズ×アシュタール

Part 3 並木良和×アシュタール

Part 4

アシュタール×アシュタール×アシュタール

Part 5

アセンデッド・マスター&アシュタールとのディスカッション

※本作品は、２０１９年11月28日に東京で開催された「アシュタール・フェスティバル２０１９」を収録してまとめたものです。

アシュタールの光の母船内へ!
あなた自身が何者であるか、
神視点で、振動数を自覚する時が来ました

Part 1

穴口恵子
× アシュタール

Session 1 アシュタールフェス、始まります！

穴口　こんにちは。ようこそお越しいただきました。穴口恵子です。

今日の日を本当に皆さんと迎えられて嬉しいです。というのはですね、このストーリーの背景には、6月14日（2019年）、並木（良和）さんと私で「覚醒フェスティバル」というコラボイベントを開催したんですね。その時に来てた人、いらっしゃいますか。おかえりなさい。

あの時に、休憩の時間に、並木さんは「最近アシュタール来るんだよね、僕のところに……アシュタールって、ずっといろんな人のところに行ってるんだよね」。そこで私が並木さんに提案して「じゃあ、今度はアシュタールフェスして、全員でアシュタール呼ばない？」って伝えて快諾いただきました。これにはテリー（・サイモンズ）も賛同してくれた。

というわけで、今日は3人でアシュタールを呼びます。

アシュタールのメッセージを伝えたり、ヒーリングが起きたり、アクティベーションが起きたり、皆さんの質問にも答えていきます。

その前に、なぜアシュタールが一人の人じゃなくて、いろんな人が呼べるかっていうことに触れたいと思います。

たとえば皆さんがお家で旦那さんと子どもといる時と、皆さんがお友達といる時と、皆さんが社会的に何か仕事を持ってやっている時の、自分の存在はどうなっているでしょうか。副人格って言うのですけれども、こういう場ではこういう部分の私、ああいう場ではああいう部分の私、そうなっていませんか？　だから、アシュタールもその全存在の中でテリーさんが実際にアシュタールを呼んで、言っている部分も確かなものだし、並木さんが呼んだらそれはそれで並木さんを通して来るその部分、パーツがあって、これも確かなものなんです。私がアシュタールを呼んだら私のアシュタールのパーツがあるっていうわけです。

だから、パーツ、パーツで合わせてオールインワンな感じで来るんだと思うんです。

今日はすごく大事だって、アシュタールが言ってくれています。というのも3人のところだけ来るわけじゃなくて、あなたのところにもちゃんと来てくれます。つまりあなたがどこまで今日オープンになって、受け取れるか、そこなんですね。テリーや並木さん、そして私が呼んで、アシュタールは、ウェーブというか、ヴォルテックスというか、もうすごい勢いでやって来て、メッセージを伝えてきてるんですね。それをどこまで自分が受け取るか。それは、あなたのところに来て、あなたがちゃんとチャネルになるって思ったら、それは始まっていきます。やってみませんか。ぜひ、やってほしいんですよ。

これから今日、このアシュタールフェス以降、もちろんテリーを通してとか、並木さんを通して、私を通してアシュタールにメッセージもらうのもいいんだけれども、一人ひとりが自分が主人公になって、ちょっとアシュタール来てとか、それでこういう話をしようよとか、そういうことが実は可能なんです。それはまるで、あなたの大親友というか、共にこの地球に愛と平和をもたらすために、やって来た存在で、アシュタールとは体が違うだけであって、意識はつながっているとアシュタールは言ってくれています。

皆さんそういった意味で、ぜひ今日はオープンになって、もう本当に今まで以上に自分が開き、そして同時に地に足をつけてメッセージを受け取っていただいたらいいかなと思う。そんな感じでご参加ください。

もう一つ言っておきたいのは、並木さんと私とは、コンシャス・チャネルといって、意識がここにありながらチャネリングをするのです。といっても、完全に私という存在の意識が100ではなく、意識をある程度明け渡して、その私の体を通訳機のように使ってくれる。なので、コンシャス・チャネルというのです。

そして、テリーさんの場合は、フルトランス・チャネルといって、テリーさんの体から完全にテリーさんの意識が抜けた状態で、アシュタールが入って来る。ですので、全く違う体験をすると思います。

今日、初めてテリーさんに会う方いますか？　ほとんどの人ですね。

今言ったように、私と並木さん、そしてテリーさんとは入り方が違うので、ぜひそこを感じてみてください。それもすごく面白いと思います。ただし、アシュタールに変わりないですから、来ている時のそのバイブレーション、その周波数はすごく似てると思う。その辺りも体感してください。

体感するのに大事なのは、ゆったりと深い呼吸で、緩《ゆる》めておいてほしいのです。自分の全身が受信機になったかのように、今日受け取ってもらえたらうれしいです。

Session 2 今からアシュタールの母船を招き入れます！

穴口　というわけで今から、アシュタールの母船を招き入れたいと思います。

この空間にはもちろん入りきれないですけど、周波数で完全にこの会場内に降り立ってもらいます。その母船にあなたが乗っている感じで、足の裏をぴったりと床につけてください。

とんとんと、かかとを上げて下ろし、かかとを上げて下ろす。そして、息をはーっ、吐ききってください。おへそから3センチ下の辺り、丹田《たんでん》に、左右どちらでもいいので手を置いてください。そこに意識を向けて、深い呼吸をします。

数回深い呼吸をして、グラウンディングします。

あなたの全意識をまずはこの空間に持ってきて、それからあなたの肉体に持ってきてください。

さあ、あなたの腰周りの辺りから、赤やマグマの色のような太いグラウンディングコードをまっすぐ大地に向けて、伸ばしていきます。

地球の中心には、皆さんはマグマがあると想定していますが、さらにその中心の中心には、スタークリスタルといって、母なるガイア（地球の意識体）、5次元シフトしきった母なるガイアの生命エネルギーがあります。そこに、あなたのマグマ色をした太いグラウンディングコードを伸ばします。

今、ここ地下1階から大地に、そして何層にもなる地層をどんどん突き抜けて、地球の中心の中心、その女神ガイアの5次元シフトした生命エネルギー、スタークリスタルのところまでグラウンディングしていきます。

そうです。深い呼吸を続けて。

グラウンディングすると、体はいったん重くなっているように感じます。それは、あなたの意識が戻ってきているからです。そして、あなたのオーラは、あちこちに意識が飛んで広がり過ぎているかもしれないので、引き寄せておいてください。あなたの片手の幅辺りまで、あなたのオーラを引き寄せておきます。

さあ、今日のあなたの心地良い感覚を味わわせてくれているバイブレーションがあります。人それぞれ違います。違っていいのです。

さて、それはどんな色でしょうか。その色をイメージしてください。

今日の私は、すごい綺麗《きれい》なピンク紫が心地良いです。あなたは、どうですか。選んだその光を、あなたのオーラの内側に満たしてください。

ゆったりと深い呼吸で、「私は私です」と、そのようにあなたの内側で伝えてください。「私は私です」。あなたはあなたです。

そして、今ここにあなたのハイヤーセルフ（高次の自己）も招き入れておいてください。

私のハイヤーセルフを、私の肉体に招き入れます。

そうすると、光が足の裏まで入ってきてぴったり満たしてくれる。そんな感じがする方もいます。あなたと同じ等身大の光の体のハイヤーセルフは、すっぽりとあなたの中に降りてきます。融合する感覚を感じる方もいますし、そのますーっとそのサイズのままあなたの元にやって来て、あなたと肉体を包み込んでいるような感覚の方もいます。

どれが正しいかはあなたが知っていますから、あなたが最も心地の良い形でハイヤーセルフを招き入れてください。それが本当のあなたです。

アシュタールの母船をここに降ろしてもらう時に、あなたが最高の周波数でいることがサポートとなるのです。

母船が降りてきて、その中で今日はこのアシュタールフェスをするにあたって、このグラウンディングしてオーラを整えた状態、そしてハイヤーセルフと融合している高周波な状態がずっと定着することで、母船が降りた状態を維持するのをサポートすることになります。

そして、アシュタールは言います。

今の地球の周波数に合わせた形で、今母船を降ろしてきているのです。

さあ、いよいよアシュタールの母船が空中から、大気圏外から今降りてきて、この会場に向かって降り立とうとしてくれています。

さあ、深い呼吸でハイヤーセルフと一体になりましょう。

そして、あなたの振動数を今、音で表してください。特に、あなたのハートで感じているその振動数です。それを母音で表してみてください。

あいうえおのどの母音があなたのハートの中の振動数ですか。

ハイヤーセルフの振動数を音に例えたらどんな音か、その振動数を音で表しながら、母船を今、アンカーしてもらいます。

アシュタール、そしてアシュタールの光の乗組員の方々、マスターたちが、今共に母船を降ろしてくれています。

そして、一方的に来てもらうだけではなくて、私たちのハイヤーセルフのその母音の音で交信しています。あいうえおの中であなたの音は何ですか。その音を出してみてください。

アシュタールとアシュタールの光の仲間たちをこの母船と共にこの領域、この会場に歓迎いたします。

はい、完全にアンカーされていきます。

あなたもグラウンディングした状態で、既にこのアシュタールの母船の振動数を感じながら、アシュタールと交信していきましょう。

アシュタールにあなたなりの挨拶を、例えば、ようこそとか、こんにちは、そのようにあなたの心の声でまず挨拶をしてください。ここにいる全員がアシュタールと共にあり、そしてアシュタールの母船には光の同胞団と呼んでいる乗組員がいるんですが、まずアシュタールが挨拶に来てくれて、「歓迎してくれてありがとう」と言ってくれています。

そして、今日このフェスに招いてくれたことに大変感謝してくれています。このことに気付いてほしいのです。なぜならば、あなた方は既にこの母船地球号と共に共振、共鳴をして進化をし続けてきた地球の魂であり、そして半分以上の人々は、どちらかというとハ

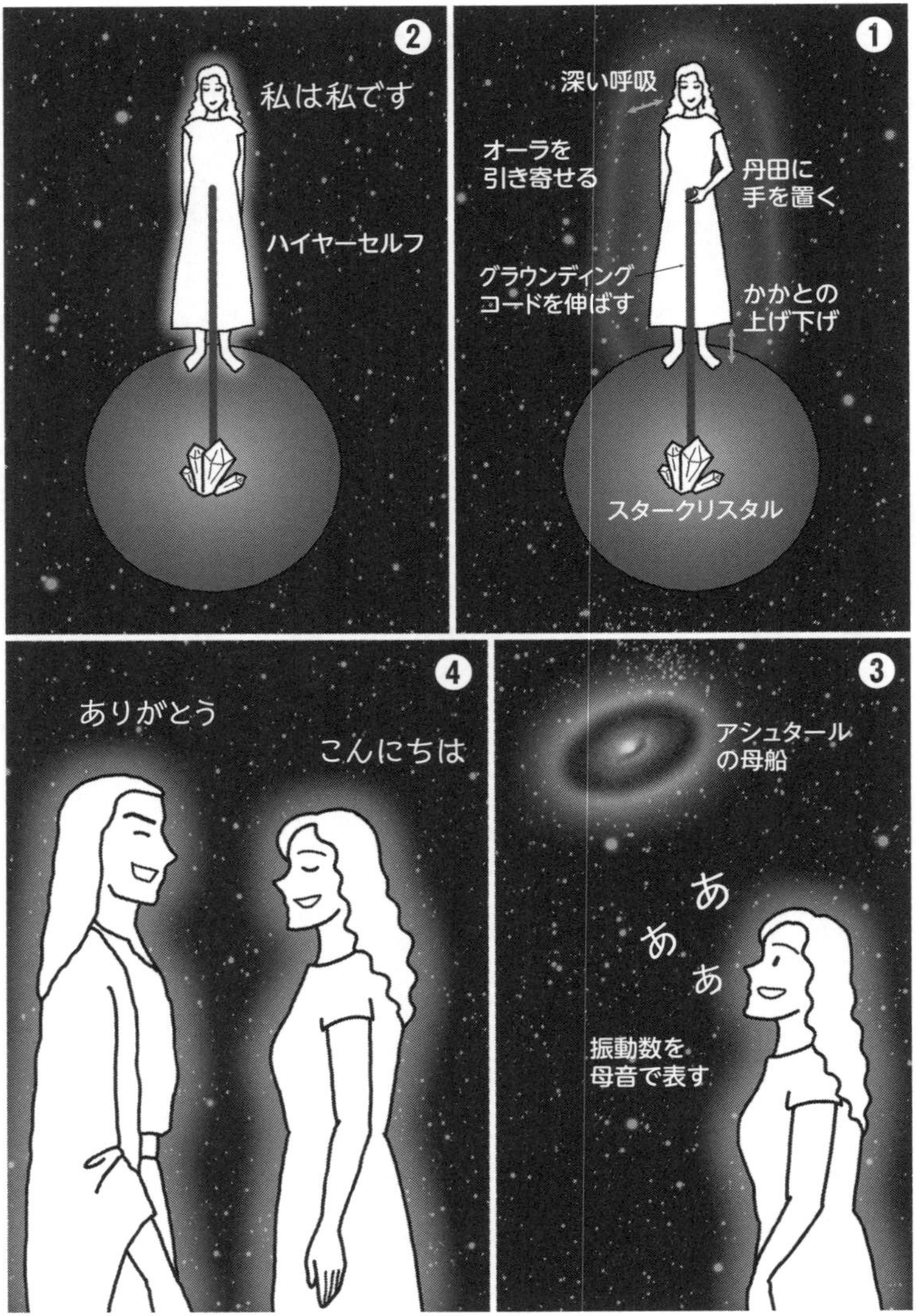
1
深い呼吸
オーラを引き寄せる
丹田に手を置く
グラウンディングコードを伸ばす
かかとの上げ下げ
スタークリスタル
2
私は私です
ハイヤーセルフ
3
アシュタールの母船
あ
あ
あ
振動数を母音で表す
4
こんにちは
ありがとう

イブリッドの存在です。

ハイブリッドというのは、他の惑星の振動数を魂に含めて、そして地球の振動数とも調和して統合された魂たちのことです。

もちろん、このことに自分自身で気付いている方もいるし、いない方もいらっしゃるんですけれども、なかには、宇宙人の魂の振動数をそのまま魂に100パーセント持って、人間の体を借りて生まれてきた方もいるわけです。

今日、私はあなたと共にこの神聖な運命の時、この運命を開く、そんな日になることでしょう。

あなた自身が何者であるか。自覚をする時が来たのです。

あなた自身がアセンションするということだけを目的にして生まれてきたのではないのです。あなたは何者であるかということをこの地球上でしらしめること、それそのものが、アセンションの過程においてとてつもなく重要なのです。

いよいよあなたが自らの魂に向かって「私自身が何者であるか」、この問いからの答えを次から次へと引き出していくような、そんな時が来ていることに気付いてください。

あなたは何者でしょうか。あなたは地球人ですか。あなたはハイブリッドですか。あなたは宇宙人ですか。

そう問いながら、アシュタールは「それはどうでもいいのだよ、何よりも君たちは」って、こういうふうに言うんですよ。ジョークがすごいです。

あなたが何者であるかというのは、振動数のことなのです。例えば、私においては、愛と平和の振動数でやって来ている、ということなのです。

ですから、あなたは何者ですかと言うのは、日本人です、女性です、母親ですとか、そのような役割であったり、性別のことを聞いているのではないのです。

何よりも、今日あなた方が何者であるかという、その振動数そのものをあなたの内側で捉えて、その真実に触れていく、そのタイミングが来ているということに気付いてください。その時に、あなたは言語化するということが非常に重要になるかもしれません。なぜならば、その言語を通してあなたはその振動数を分かり得る、そのような才能を持っているからです。

例えば、「私は愛です」、そのようにもしあなたの声で言ってみたら、あなたの魂はどんなふうに振動しているでしょうか。一度、あなた自身が声に出して言ってみてください。「私は愛です」。言ってみてください。

そして、その愛というその振動数を、あなたの魂の領域で今感じてみてください。そして大事なのは、その振動数は私そのものであるかどうか、それが私であるか、問いかけてみてください。もしそれが「Ｙｅｓ」ならば、あなたは愛というその存在です。

さあ、その他に、あなたにはどのような振動数を持ち合わせてこの地球上にやって来たのでしょうか。今日は、あなたの神聖な運命の扉が開くということは、24時間３６５日、一瞬一瞬、その振動数であなたが在《あ》ることが、アセンションに向かい、目覚めのプロセスが開き続けていくということなのです。

そのプロセスは、終わりのないプロセスです。目覚め続けるあなたが、この地球上でアセンションを共に担っている存在なのです。

地球は、女神ガイアは、そのあなたを呼んでいました。女神ガイアは、あなたがこの地球の大いなる歴史の、未だかつて体験していなかったその時に、あなた方の魂を呼んだのです。

そして、いろいろなことにあなたが気付いていく。そうあなたが選んで、この地球上にやって来たわけです。どうか、まずそれが本当にそうであったか、あなた自身にも聞いてあげてください。

あなたが他の惑星ではなく、この時代にこのタイミングで地球に生まれ、あなたという存在のその周波数を大いに放ち、この地球と全ての地球上の生きとし生けるもの、そして、地球のみならず宇宙全域がアセンションを遂げていくという、そのプロセスの中に入っているのです。そして、あなたという存在は英雄であることを思い出してください。あなたは英雄です。知っていましたか。その英雄は、それぞれの持つその振動数が確実に軸となって、あなた自身が光を放っている状態です。

今まで地球上においては、あらゆる高次元から光を放たれ、光を受け取るという受身の状態であった、その時代がもう終わったのです。何よりもあなたが自ら放つその振動数は光です、音です。その振動数を放っていくことを通して、あなたは今この地球上に生きる存在であり、地球と共に運命共同体として地球のアセンションに関わる英雄なのです。どうか、あなたがその英雄である自覚を今ここでしてみてください。どうか、あなたの魂に面と向かって言ってみてください。「私は、地球にやって来た英雄だ。私は、その振動数を放つために地球にやって来た」。これを、自分自身に対して伝えていくのです。

なぜならば、ここにいる一人ひとりは、同じ人間の肉体という機能を持ちながら、全く違うその振動数、神なる創造主なるあなたの振動数がユニークで、独創的で、そして超越的で、限りない無限のその振動数をあなたは選んでいるのです。どうか、その偉大なる違いを歓迎してみてください。偉大なる違いは、あなたを最高周波数の喜びや歓喜、そして感動へと導くでしょう。あなたは、誰かによって導かれていくのではないのです。私は、私。

アシュタールは、愛と平和という名前を持ってこの地球上に現れて、そして同時にあなた方という創造主と出会うことを通して共に共同創造ができることを真に喜びとします。そして、あなたというその一人ひとりが英雄であるということを自覚した光の同胞団、地球の光の同胞団というあなたと共同創造したく、確信を持って、今日、母船共々降りてきたのです。

なぜならば、あなたがそれを選んでくれているからです。私たちアシュタール光の同胞団たち一員の声を一つにするならば、地球とあなた方の自由意思とその許可がない限り、私たちはあなた方と共同創造し得ないのです。どうか、あなたがその許可をしてください。あなたが宇宙人の魂を持っていたとしても、ハイブリッドの魂を持っていたとしても、地球人の魂を持っていたとしても、あなたはこの地球母船号を選び、地球の光の同胞団の一員となるということを決意して約束した仲間なんです。

この運命の約束の真実を知ってください。そして、あなたは誰かに導かれていくのではなく、自らが自らの魂の導き手となり、そして同時に魂のグループの導き手となって日々を送るのです。一瞬一瞬、あなたの魂の振動数そのものとなって、魂から湧き上がってくるとてつもない真実がそこにあるのです。一人ひとりの真実は偉大なるシフト、これは地球の目覚め、人類の目覚めへと貢献するシフトなのです。

魂のそのようなレベルからあなたが放った光で、誰が傷つくと思いますか。誰も傷つかないのです。なぜならば、あなたの魂のその振動数は、光の剣なのです。光の剣は、目の前の人々や大いなるグループの目覚める手助けをし、眠りについた人々の目覚まし時計を鳴らすような、並木さんの本のタイトル（『ほら起きて！目醒まし時計が鳴ってるよ』）のようですが、そのような役割をあなたが手にしているのです。少なくとも、あなたがここに来ているということは、あなたは既に目覚めた存在です。目覚めた存在に選択肢が与えられているのです。いつでも眠ろうと思ったら眠れるわけですが、それはあなたの自由意思です。ですが、あなたは目覚めることを覚悟してここに来ているはずなのです。

アシュタールフェスですよ。あなたは英雄であり、一人ひとり全員が、地球の光の同胞団の代表者なのです。

新しい地球は全てが調和し、大調和の中で、一人ひとりが人生のリーダーシップを自ら執る時に、偉大なる一つの意識が活性化、蘇《よみがえ》っていくのです。残念なことに、今や地球は国と国の間には境界線が設けられ、人と人との間には境界線が設けられ、そして意識と意識の間に境界線が設けられているような領域もあるのですが、その領域のみならず、あなた方が目覚めて、目覚めて、目覚めていくその周波数を保持し続けていたならば、それを大いに超越し、大いに統合していく意識のネットワーク網もまた存在し得るのです。

意識のネットワーク網は、まるでＧｏｏｇｌｅやインターネットのその世界です。Ｇｏｏｇｌｅは検索機能がさらに快適になっていますが、あなたの名前や気になる言葉、例えば愛と平和の使者アシュタールと検索したら、あらゆる情報が出てきますけど、それは意識を表しているわけです。ですからあなたが放ったその魂の周波数が愛と調和と真実そのものであれば、意識の世界で既にそのような周波数の人々の意識が集まり、集い、そしてそれにリーダーシップを付け加えて、リーダーシップをあなたが執ると決めたならば、それをサポートする人々が実際に集ってくるのです。

そこで、あなたがフォロワーにもなり、あなたがリーダーにもなっているということを忘れないでください。一つのリーダーシップはシンボルであり、そのシンボルの中にはめ込まれているのは、あなたが同意したあなたという主人公の物語の中のエッセンスです。ここは、大事なことです。

今日はアシュタールがメインですが、アシュタールは一つのリーダーシップのモデルを示しているだけであり、それはあなたという存在の、ユニークな存在の一部を表しているだけに過ぎません。

この今日という1日が終わったならば、あなたの周りにいる家族であったり、コミュニティーであったり、そこであなたがどのようなリーダーシップを創造していくか、共同創造していくかということを、もう既にあなたの意識の中にはダウンロードされています。もちろんのこと、そのダウンロードは、あなた方のそれぞれのユニークさがそこに付け足されて形を成していきます。ですから、誰一人として〝秀でる〟という状態ではないことを知ってください。

二元性を見る人間視点においては、秀でている誰か、というような判断をする基準、物差しのようなものがあるのですが、あなたという魂の振動数は何の物差しもありません。その振動数を言葉に換えたなら、ただあるのは、愛や調和や無判断な無条件の状態で物事を見ることです。それがあなたが備えている神視点です。

どうか今日はこれより先、神視点を通してあなた自身を見ることを選んでみてください。あなたがあなたを神視点で見た時にどのような存在であるか、あなた自身を今見る時を選んでみてください。

Session 3 共同創造のダイバーシティへようこそ！

穴口　クリスタルボウルを通して、ちょっと自分の内側に意識を向けてみてください。またグラウンディングをしておきましょう。ゆったりと深い呼吸をしながら、グラウンディングをして、そしてあなたの魂に意識を向けてみてください。あなたの神視点はこのハイヤーセルフの、多次元のハイヤーセルフの視点でもあります。この神視点を通して、あなたの魂の振動数を感じてみてください。ゆったりと深い呼吸で。

私は私です。私の魂そのものは何ですか。あなたの魂に聞いてみましょう。

私の魂は、平和です。私の魂は、静かです。私の魂は、絆そのものです。どんな言葉が、どんな振動数なのか、まずはそれを十分に感じてみてください。必要があれば、あなたの左手をあなたの胸の中心に当てながら、魂の対話をして魂の声を聞き、魂の振動数を手で感じてみましょう。温かさを感じたら、そこに色や言葉や、何らかのシンボルが現れてくるかもしれません。少しあなたの内側に意識を向けながら、あなたの魂は光そのものでもある、どうかそれを感じ取ってみてください。あなたの言葉でいうと、あなたの魂は何でしょう。

あなたの魂、あなたが何者であるかというその本質の振動数を、色や言葉で伝えたかったら何と伝えますか。まずはそれを自分に伝えてみてください。自分でその言葉を自分の中で放った時に、魂がそのように共鳴、共振しているかどうかを感じてみてください。

はい、深呼吸します。そして、その魂のその振動数の状態を感じたまま、もう一度深呼吸して、全身にその振動数を放って、オーラにまで広がるようにはーって放ってください。

はい、いいですね。

さあ、ちょっとここであなたが感じたことを話し合ってみましょう。

せっかくなので、今からですね、私の魂はピンク色でしたとか、私の魂は非常識です、異端児ですとか、魂のバイブレーションを言葉にするというのをやってみてください。そして、今話してる時にふと出てきた言葉、魂から出てくる言葉をあなたがしゃべる、発信するということを実践してください。なぜこれをするかというと、もう日常的に、あなた方は頭から発信するんじゃなくて、これから共同創造するアシュタールの光の同胞団や、あらゆる惑星の友だち、同志たちがここにやって来た時に、魂の振動数で交信、交流するからです。だからこそ、その実践をしていただきたいということで、アシュタールが言ってくれているのです。

じゃあ、今から3分ほど差し上げますので、ぜひ2人とか3人で、話し合ってみてください。

今日は11月28日ですが、誕生日の人いますか。誕生日の人に今からマイクを回します。マイクを回したら、例えば、私の地球の名前は穴口恵子です。私の魂の色は、紫とピンクとゴールドです。私の魂は、愛と光と真実をこの世にもたらすものです。そんなふうに言ってみてください。魂からの発信、これは全宇宙と交信するためのトレーニングなんです。アシュタールと一緒に。はい、どうぞ。お名前からお願いします。

参加者　M・Sと申します。

穴口　M・Sさん、よろしくお願いします。

参加者　私の魂は、ピンクとシルバー、あと……。

穴口　それから……。

参加者　それで、私の真実を伝えるためにここに来ました。去年（２０１８年）の冬至に宇宙人さんと約束をしまして、地球人が宇宙人さんを受け入れられるように人間の恐れを手放し、受け入れるようなサポートをしますということを学びまして、夢で約束をして、ここに来ました。そして、その次の日にたまたま行った本屋さんで、並木先生の本に出会いまして、それから素直に生きるようにして、今ここにやって来ました。今、本当に自分に素直に生きて、ワクワク生きてることに感謝してます。

穴口　ありがとうございました。宇宙人と約束してるけど、それを許可したのは誰、私ですよね。だから、私との約束に変えてください。もう、誰かとではないのです。最終的には自分との約束を果たすっていうためにここにいるんですね。ありがとうございます。あと2人いました。あちらにマイク回してください。Kママ、私にはリョウスケという養子の息子がいるんですけど、リョウスケの産みの母、Kさんです。

参加者　K・Tと申します。

穴口　今日は誕生日、おめでとう。

参加者　ありがとうございます。私は、イメージしていったら、もうポンと宇宙の一部、そして光そのもの、愛そのもの、ピンクゴールドのその周波数を感じました。そして、この地球に、愛と光の美しい周波数をこの地球にもたらすために私はやって来ました。

穴口　ようこそ。ありがとうございます。おめでとう。

さあ、私のコーナー、穴口恵子のアシュタールのコーナーが最後になりましたので、ちょっとシールドします。

必要なヒーリングが先ほどからもたらされています。今、アシュタールの光の母船の中にあるヒーリングコンプレックスという、ヒーリングの空間の領域の中で、今あなたの魂の多次元レベルで傷付いた領域をヒーリングしてもらいます。

ゆったりと深い呼吸をしてください。

そして、鼻から息を吸って、口から吐いてください。今、アシュタールの母船のヒーリングコンプレックスの中では、あなたの魂を曇らせているエネルギー……あらゆる自分を虐げた、他者を虐げた、あるいは自分の真実を歪《ゆが》めたり、押し殺していた、我慢した、罪悪感を感じたとき、その魂は曇ったエネルギーで覆われますが、それを今取り除いてもらっています。あなたのハートの中心に口があるかのように、深い呼吸をしてください。

そして、アシュタールのこの光のヒーリングコンプレックスから放たれているレーザー光線があるんですが、今、そのシルバーとロイヤルブルーの光でその深い古い周波数、罪悪感や嘘、押し殺して我慢して自分を痛めつけた悲しみ、苦悩という周波数の魂に覆い被さっていたエネルギーが取り除かれていきます。そして、あなたのピュアなエネルギーがそこに戻ってきます。ピュアな魂の光のみがそこに残るように。

深呼吸します。さあ、再びあなたの魂に伝えてあげてください。私は一瞬一瞬、魂の声を聞いて、魂の声を表現して行動に移します。そのようなあなたがぴったりくる言葉を、あなたの魂に伝えてください。さあ、深い呼吸をします。次の深い呼吸でふーっと息を吐いて、ゆっくりと目を開けてください。

はい、ありがとうございました。あなた自身が純粋にその魂のバイブレーションを言語化して言葉に出し、行動に移すことを、今日アシュタールがすごくサポートしてくれたようですね。私、特に寝る前にアシュタールの母船の、ヒーリングコンプレックスに招き入れてもらっています。そこはアシュタールの母船の中で、特別にヒーリングを受けられる場所です。そこがちょっと今降りてきてます。よく私が自分の魂に沿った言葉を話せなかった時に、すごく癒やしてもらったりとか。

彼らは、あなたの本来の遺伝子に戻すことも可能なんです。なので、実際に自分自身が遺伝子的に何か操作されたような記憶があったり、そういう夢を見たならば、ぜひアシュタールの母船の中のヒーリングコンプレックスに、頼んでみてください。どうか私を招き入れてください。例えば、アトランティス時代に人体実験にあって、自分がこういう埋め込みをされたのだということを思い出したならば、その埋め込みを私は直ちに解除します。どうか、それを手助けしてくださいと。

もちろん、アシュタールのヒーリングコンプレックス以外にも、様々なヒーリングの手法でできますが、今日は皆さんに、ヒーリングの空間を紹介しておきました。

というわけで私のコーナーは time is up です。時間になりました。ありがとうございました。

「私は私を愛している」
地球の世話人であるスターシードよ!
それぞれの役割を思い出すために
まず自己愛に目醒めるのです

Part 2

テリー・サイモンズ × アシュタール

Session 4

地球はあなたの子ども、守ること、世話することがあなたの職務なのです！

穴口　テリーさんを今ここにお招きしたいと思います。

テリーさんとの出会いもすごいんですよ。テリーさんのことを全然知らない時に、ロスの友達に、ダイナビジョンで海外の方々を招いたりしてるので、何か素敵な個人セッションやワークショップができる人誰か知らない？って言ったら、テリーさんを紹介してくれた。さっそくテリーさんに連絡して、セッションしていただけますか？と聞いたら、いいよって言ってくれて、セッションする日が決まったんです。それから10年になります。「ところで、私がどんなセッションするか知っている？」と聞かれて、「いや、知らないんですけど」「私はレディ・アシュタールをチャネリングして、それでセッションするのよ」と。

当時も、ドルフィンスターテンプル・ミステリースクールという学校をずっとやっていたんですけど、ドルフィンにもアシュタールが来てくれていたんですね。それで引き合わせてくれたのかなって。当時は「アシュタールの光」のジュエリーデザイナーの洋子さんがテリーさんをコーディネートしていて、日本に来てもらえるようになったんです。

そして、こんなふうに今日という日を迎えられました。テリーさんはいつも、愛と平和の光をダイナビジョンやダイナビジョンにいらっしゃる人、大地にも送ってくださっていて、今日またテリーさんを通してどんなアシュタールが現れてくるか、楽しみにしています。どうぞ、アシュタールじゃない、テリーさん。今はまだテリーさんです。

さあ、それではテリーさん、どうぞ、お入りください。

テリー　皆様、ありがとうございます。恵子さん、ご紹介ありがとうございました。本当に美しいご紹介をいただきました。私は、とてもワクワクしております。

皆さん、美しい、美しい人たちですね。本当にあなた方が光そのものでございます。あなたが愛であり、あなたが知恵であり、あなたは自分が思った通りの存在なのです。あなたが唯一自分を止めているものは、その自分の思い込みだけなのです。あなた方は、美しいのです。恵子さんがおっしゃっていたこと、本当にパワフルなメッセージでございました。本当に全てがここにあるのです。全部ここにあるのです。それを信じてあげてください。そしたらば、素晴らしい偉大なことが起こり得るのです。

それでは、私を通しまして、アシュタールを呼びたいと思います。何か今ちょっとダンスしてるような気分になりましたね。私を通じて、アシュタールが来ます。アセンデッド・マスター（次元上昇した光の導者）として降りてくれます。11次元のアセンデッド・マスターです。

どういう意味でしょう。一番上に神様がいて、そして、集合意識というのが階層的に存在しております。この集合意識というのが、全てのアセンデッド・マスターが存在するところになります。セント・ジャーメインを知ってる人。彼もそこにいますよ。ブッダを知っている方。彼もそこにいますね。サナトクマラ、彼もそこにいますね。アシュタールもそこにいますよ。私がアシュタールと一緒に仕事をする時は、そこから降りて来ていただけるということなのです。

それでは、アセンデッド・マスターを私は引き入れるわけなんですけれども、実は愛の大使であるというふうに説明されます。彼自身が愛なのです。すごいパワフルじゃないですか。私の個人セッション、アシュタールのセッションを受けたことある方、どれぐらいいらっしゃいますか。手を挙げていただけますか。そうですね、何人か顔を見知った方いらっしゃるなと思いました。来てくださって、ありがとうございます。

私は体から幽体離脱をいたします。ですので、私は深呼吸をいたします。そして、瞑想状態に入ります。30年もやってるんですよ。ですから、かなり早く離脱できます。アシュタールが来てくれます。美しい会話を皆さんにもたらすでしょう。

一つだけお願い事がございます。私テリーが体に戻って来る時には、部屋が落ち着いていればスムーズに戻って来られるんです。ですので、もしアシュタールが「さあ、テリーを戻すよ」と言ったらば、実はLittle oneって英語で言うんですけれども、面白い表現ですね。皆さん、落ち着いたままでいてほしいんですね。そうすれば、幽体離脱から体に戻れます。大丈夫でしょうか。皆さん、全員ＯＫですか。

それでは、お呼びしましょう。ちょっとポケットに物を入れてまして、実はこれがグラウンディングの石でありまして。あとこの時計もアシュタールが見ることができるんですね。それでは行きますよ。一瞬だけ、お待ちください……。

（ここからは完全なアシュタールモードに）愛する子たちよ、美しい祝福があります。愛と光の領域からたくさんの祝福があります。愛と成長の美しい時です。あなたのハートが宇宙に。そこには光があるのです。美しい光が、あなたの周りをキラキラと照らしています。愛の光です。あなたを天使とアセンデッド・マスターがいるところに引き上げてくれる。愛と喜びと平和と調和があるところです。素晴らしいですね。私がアシュタールです。

今、テリーはいなくなりましたよ。テリーはこの間、何も覚えていないから、何でも言えるんだよ。皆さん笑っていただけると嬉しいな。何か幻覚ではあるんですけれども、僕は動くけれども、通訳はそこにいてね。

さあ、私の中に。私があなたの、私もあなたも愛なんです。君たちがパワーなんです。あなたが変革を起こすんだよ。本当なんですよ。あなたが思って考えてやること自体が、あなたが世の中を変革するのです。真実ですよ。今日は何をしましたか、世界を変えるために。地球は、とても美しい惑星です。こんな惑星は、他にはないのです。ユートピアです。桃源郷です。想像してみてください。あなたが地球人として生まれるということが、どれだけの賜物《たまもの》であることか。あなたはここに生まれたのです。そして、地球の世話をするために。

多くの多くの多くの皆さん、アシュタールのスターシードです。そうなんです。あなたは、スターシードです。まだ覚醒してない方もたくさんいらっしゃいます。でもあなたは目覚めています。あなたはゲートキーパーです。もしかしたら何人かの方は既に保護者であったり、もしかしたらチャネラーであったり、そして提供して物事を円滑に進めるタイプの方もいらっしゃるでしょう。そして、労働者の方もいらっしゃいます。（そこの方）立ってください。私って今言いましたね、心の中で。これで種が覚醒いたしましたよ。

真実なんですよ。私はエネルギーのボールを投げつける。感じましたよね、今。そして、彼女の心が、埋められていたスターシードを覚醒したんです。この地球の上を、今までと全く違う様子で歩けるようになりますからね、これから。ですから、周りの人を助けられるようになります。そして、道をちゃんと見付けられるようになりますよ、他の人のためにもね。愛というところから。

一人ひとり、皆さんには目的があるのです。あなたが、この部屋にいらっしゃる一人ひとりが、アシュタール軍の一員であるということが分かる。もし違ったら、そもそもこの部屋に来てない。来てないんですよ。あなたはその素晴らしい偉大なる全の一部なのです。

だいぶ昔にも言ったんですけれども、地球は他のものとは違う惑星なんです。もちろん金星は、私の故郷ではありますけれども、似てるところもありました。金星。私の故郷ですよ。しかし、地球。どうぞ守ってあげてください。いくつもの宇宙があるのは知ってますよね。そして、パラレルライフというのがあります。分かっていない本質、偉大なる本質があるんですよ。もし気付けば、唯一の惑星、地球のような惑星。唯一無二の惑星、こんな桃源郷の惑星は、あなたが歩いている惑星しかないんです。他にもこんな惑星というのはないんです。あなたの職務なのです。義務なのです。守ることが、世話をするのが。

私からあなたに伝えます。地球は、あなたの子どものように扱いなさい。あなたの子どもをどう扱いますか、今。世話してますよね。洋服を着せて、ご飯もあげて、そしてちゃんと世話されている状態にしますよね。地球は、あなたの子どもです。うーんって、いいですね、反応してくださって。さあ、私と一緒に言ってください。うーん。

みんな、いいですね。多くの方が、アシュタール、どうしたらいいですかと私に聞いてくるんですけれども、私は、愛の優しい足跡を残しなさいって言うんですよ。優しい足跡を地球に残せるんですよ。私はテリーさんほどエレガントには歩けないんですけどね。でも、私だってこうやって歩けるんですよ。いいんですよ、これで。こうやって笑わせるの、大好き。

ということで、皆さんには職務があるの分かりましたよね。非常に大きな赤ちゃんを抱えてるんですよ、皆さん。これが地球。そして、あなたの仕事なんですよ。そのお世話をするのが。

今、母船が来ております。これを降ろしました。かなりワクワクする感じですね。でも、小さい宇宙船も周りにたくさんあるんですよ。そして、彼らがここに停泊してるのは、皆さんのためなんです。あなたを助けるためなんです。そして、あなた方が道を見つけられるように、美しい愛の道へと通じている道を示してくれているのです。全員に心、ハート、心臓があります。これは、愛でいっぱいの心臓、心なんです。ハートがこう言っています、愛したいと。あなたを愛したい。そして、愛したいと言ってください。鏡の前で毎朝言ってください。その自分の美しいイメージに言ってあげてください。愛してますよ。

そして、自分の人生がどう変わるのか、よく見てください。変わります、必ず。自己愛、自分を愛すると、あなたの人生が変わるのです。あなたが真理を生き、そして心から生きてくると、あなたの人生は変わります。他の人の犠牲になるということがなくなるのです。あなたは、あなたのボス、司令官になるのです。上司になるのです。いいねって、この人が心の中でつぶやいてるの、聞こえましたよ。僕が僕の上司になるって、いいねって。

心から生きると、素晴らしいことが起き始めます。あなたが自分を愛すると、もっと素晴らしいことが起きるようになります。よくこう言うんです。誰かを愛したいなら、自分を愛することから始めなさい。もし、恋愛関係をしたいなら、まずあなたと恋愛関係を確立しなさい。もし、誰かを助けたいなら、まず自分を先に愛しなさい。自尊心を持ちなさい。真実を生きなさい。これは、とても自分を強くしてくれます。しっかり考えられる強い堅牢な自分になれるのです。

自己愛できてるよ、自分を愛してるよっていう方、手を挙げてください。何かちっちゃい手の挙げ方してる人、いっぱいいますね。何か、ちょっとどうかなみたいな。でも、いいんですよ、それで。私を愛している。私を愛している。全員で言いますよ。3回言いますからね。一緒にどうぞ。

参加者　私は、私を愛している。私は、私を愛している。私は、私を愛している。

テリー　パワフルですね。とてもパワフルです。エネルギーがものすごい上がりましたよ、この辺。今、天井を突き抜けて、戻ってきました。これだけあなた方は、パワフルなんですよ。素晴らしいことです。あなたからスタートするんです。あなたの子どもへの愛を考えてください。子どものことを愛してますよね、全員。自分のこともそれだけ愛してますか。自分自身をもっと愛してますか。なぜならば、自分が自分に対して与えている愛しか与えられないんですよ。そうなんです。考えてみてください。

私は白いスカーフが必要なんですけど、白いスカーフ持ってる人、いないかな。いないね。分かります？　今のは例としてね。白いスカーフを持っている者は、あげられるでしょ。持ってないのならあげられないじゃない。それって、すごい話じゃないですか。

もし、誰かに対して白いスカーフを差し上げられないのであれば、あなたはない、あげられるものがない、何もないんですよ。それって、すごいパワフルじゃないですか。

他の人の愛が欲しいだって？　自分の人生に。鏡にまず言ってください。自分を見てください。まず、自分を愛してあげてください。私が私を愛していると。私は、パワフルである。私は、何でもできる。なぜなら、できるんです。絶対に。ここからスタートするんです。ここなんです。

では、素敵な恋愛関係が欲しいよっていう人、手を挙げてください。素敵なパートナーが欲しいよ、みんなリレーションシップ、恋愛関係ね。素敵な彼が欲しい、彼女が欲しい、夫が欲しい、いっぱいあると思います。時間がかかるんです。時間をかけてあげてください。まず、自分を時間をかけて愛してあげてください。そうすれば、必ず運命の人と素敵な関係にスタートできます。そして、愛でカップがいっぱいになっていたとします。そうすれば、そこから愛が溢《あふ》れ出るんです。そうすれば、あなたの願った運命の恋愛ができるようになるよってことなんです。本当の真実ですよ。とってもパワフルな事実であります。

祝福がありますように。皆さんの愛がわーって上がりましたねと。とってもパワフルです。一人ひとり皆さんが、あなたには賜物があるんです。かけがえのない賜物をあなたが自分にあげられるんです。あなたにあげられるんです。どうぞ、自分自身を世話、しっかりしてあげてください。時間をかけて、自分を愛してあげてください。とっても、とっても重要なことです。

Session 5
去って戻ったサナトクマラ、光の惑星への道筋

テリー　多くの人がアセンション、次元上昇について私に質問をしてくださいました。アセンションは、とても重要です。地球は5次元に、光の5次元に次元上昇していきますよ、必ずね。必ずです。皆さんがその一部なのです。あなたが助けているんですよ、この地球の次元上昇を。考えてみてください。地球の光の次元上昇。とっても美しいな、地球。こうやって光るんですよ。悟りの中の光。この地球は、素晴らしい光を放ちます。あなたは、その地を歩くのです。

この地球の振動自体が、ものすごく高くなってくるんです。1万、10万、もっと何百万というところまで行ってしまうのです。

何百万ヘルツです。とってもパワフルですね。もっと高くなるかもしれない。そして地球は必ず次元上昇します。5次元の惑星になるのです。必ずなります。そして、あなた方一人ひとりがその次元上昇の一部になる。全員ですよ。

あなたが自分のアセンションプロセスを経ていくと、あなたの振動がぶーんと上がっていきますね。そして、たくさんのいろいろな5次元、6次元、7次元、11次元まで上がっていく人もいると思います。あなたの振動が影響するのです。そうなんですよ。あなたの足跡一歩一歩がそれだけで振動する。すごくないですか。一足一足、あなたがアセンションプロセスを経ることによって、あなたの周波数が上がります。地球の周波数も上がります。

一人の人の足跡があったのに、それを別の人が踏んじゃったら、どうなるの。それでも上がるんです。あなたの高い周波数の足跡に誰かが来たら、その人も上がってくるんですよ。考えてみてくださいよ。それって、素晴らしいことじゃないですか。あなたは実はパワフルなんですよ。あなたには賜物があるんです。あなたにはスピリット、魂があり、もっと高い振動になりたいって思ってるんです。

想像してみてください。今、ここに椅子がありますよね。オーラが見える？　この物にもオーラがあるの？　はい、そうです。ステージにもオーラがあるんです。なぜならば、全ての足跡には振動が残るからです。その高い振動が残るのです。私は今こうやってずっとたくさんの高周波を、この下に残してるんですよ。そうすると、次のステージに登壇する方が、おおってなるわけです。すごい、いいことです。パワフルです。

さあ、想像してみてください。すごいオーラのある惑星です。他の次元もあなたは見られる。他の美しい宇宙が見えるんです。ブラックホールは、実はブラックホールではなくなるんですよ。これはね、実は光のパイプになっちゃうんです。

宇宙を、いつも宇宙船に乗って旅するわけなんですが、ブラックホールが確かにあるんです。でも、美しいんですよ。実はね、その中にはヒトデの手みたいな触覚がいっぱいあるわけです。そして、吸引というものがあるんですね、確かに。ですから、近くに行き過ぎてしまうと、ものすごくて吸引されてしまうんですね。あなたをにゅっと吸って、あっちに飛ばされちゃう。

でも、そこに光があると思ってください。このヒトデの手みたいな触覚が今、ネオンを放っているんですけれども、それがもっともっと光になるわけです。そして、今度光が通るようになると、何かディズニーランドに行くみたいな感じになるんですよ。面白くないですか。ディズニーランド好きな人。いいですね。そんな楽しいアトラクションがあったらどうですか。私と一緒においでよ。じゃあ、私の宇宙船にみんなを乗せちゃうよ。そして、ブラックホール乗りしましょうよ。素晴らしいですね。本当に美しいんですよ。地球は、ものすごいことになります。

動物、海にいる動物のオーラを想像してみてください。それってすごくないですか。想像してみてください。赤ちゃんが、胎児がお腹の中にいて、それが見えるようになるみたいなね。それもすごくないですか。想像してみてください。山の頂にあるものがものすごい光を放っている。振動がどんどんどんどん周波数で上がっていき、そして川もまるで光の川のようになるっていうことですね。そして、滝も同じように、ものすごい虹のような光を放つようになるわけです、5次元の世界っていうことになるとね。

そして、どんどんどんどんそれが、その側にいる人間たちはいろいろな色、オレンジ、ブルー、グリーン、いろいろな色で光を放つようになる。とっても美しい世界が待ってるよということなんです。とっても美しいですよ。光の惑星になるって、そういうことなんです。

そして、あなたはその地で生き得るんですよ。ということは、全ての暗黒というのがなくなるということです。なくなるのです。本当に純然たる光のみが存在する世の中になるのです。ものすごく、ものすごく美しい地球になるよっていうことなんです。

そして、あなたはそこに加担する、貢献することができるわけです。そうなんですよ。あなたも、あなたも、あなたも、あなたも、一人ひとり全員を。皆さん大切な役割を担っているんですね。それがあなたのアセンションです。その人生でアセンションが終わる人も、あるいは終わらない人もいるでしょう。他の人のアセンションを助ける人もいらっしゃるでしょう。でも、それだって悪いことではありません。自分がアセンションできなかったとしても、心配しないでください。大丈夫なんです。

よく多くの方がね、ご存じだと思うんですけれども、私のスターシードの話ですね。だいぶ昔の太古の頃、宇宙の中には悪いところがあったんです。これが地球というところでした。ものすごく暗黒で、そして悪でありました。しかし、集団意識はこう言ってたんです。大きな問題があると。ストレスを抱えた惑星があると、宇宙は言っていたのです。

サナトクマラが「私、この問題解決できる」と言いました。そして、地球に降りて来たんです。そして、地球に降りて来て、「うわ、できません。戻ります」と帰還しました。想像してみてくださいよ。アセンデッド・マスターがギブアップですよ。今、上で友達と話してますけどね。もう信じられないんですよ。最悪だったわけなんです。本当に。こんなものできないよって、みんなに言ってたんです。他のアセンデッド・マスターに。俺、できなかったんだよね、みたいな。最悪だったよ、あそこはと。頭を抱えたわけです。どうしよう、みたいな。こうやって逃げ去ったわけです。どうしよう、どうしようと言いながら。アセンデッド・マスターがですよ。どれだけの問題なのかっていうことです。

そして、他のアセンデッド・マスターと座りながら、しばらく話をしました。こう言いました。あそこには問題があるんだよね。俺、直せなかった。どうしよう。どうしようか。

どうしよう。そして、14万4000人をボランティアで募集しよう。そんなのに応募するやつ、いるのか。どうしよう。そんな人数、14万4000人ぐらいで、できるかな。どうしよう、どうしよう、どうしよう。

最後に、とにかく募集を開始したんです。スタッフ・オブ・ウッドっていうですね、木の杖《つえ》があるんですけれども、杖の先に白い炎が灯されていました。状況は悪い。ですから、この杖を持って、さあ、行くぞ。そして、いざ出陣と地球に降り立ったわけです。

14万4000人のボランティアの魂たちは、怖いな。ひどいし、どうしよう。どうしていいか分かんないや。とりあえず行こう。とりあえず行くんだぞ。みんな怖がってる。こんなのに応募して手を挙げたわけじゃなかったはずって言いながら。だって、みんな自分で手挙げたじゃん。さあ、行くんだよ。状況かなり悪いよ。本当にやるって言ったじゃん、だってみんな。サインしたんだから、早く来るんだよ。

ということで、あなたが実はよく知ってるところに皆さん着陸したんですよ。鞍馬山《くらま》です。サナトクマラが鞍馬山に降り立ったんです。そこが一番最初に癒やしを始めた場所なんです。この惑星の、地球のですね。そして、確かにですね、サナトクマラさんも頑張っていただいて、そして志願者たちもみんな頑張ったんです。

そして、サナトクマラの系列なんです。系譜なんです。サナトクマラがいて、そして彼のこの直系の子孫たち、ブッダがいて、イエス・キリストがいて、そして私がいるんですよ。ですから、私はサナトクマラって言ってもいいわけですね。いやいやアシュタールです。混乱しないでね。

とにかく14万4000の人たちが、アシュタールのスターシードの種を埋め込んでいったわけです。そして、あなたの心の中にもそれを埋め込んでいきました。そして、あなたは私のスターシードになったわけです。そうなんですよ。おおっていう心の声が聞こえましたよ。そうなんです。そこからスターシードっていうのは始まったんです。

ということで、ちょっと想像してみてください。だいぶ太古の昔に、ものすごい太古の昔ですよ。14万4000の人たちのほとんどが、大体この地球で2000回の輪廻《りんね》転生を繰り返してるんだよと言ったら、皆さんどう思いますか。2000回ですよ。そう、あなたたち、実は年寄りなんですよ。

あなたは1950回ね。こちらの方は、500回だからまだまだだね。超赤ちゃん。いいね、みんな笑ってくれて、嬉しいな。

じゃあ、もし皆さん、実はあなたが人生を繰り返すたびに分裂していたとしたらどうしますか。そうなんですよ。分裂するんですよ。倍々でどんどん分解していく。分裂していくんです。ということは、いっぱい自分がいるっていうことですよ。

さあ、あなたは何分割されているのかな。何人分いるんだろう。パワフルですよね。ということで、あなたが分裂を繰り返すたびに、あなたのスターシードも分裂していく。ですから、新しいスターシードがさらに生まれたよっていうことになるんですよ。つまりスターシード1個でスタートしますよね。そこは簡単にできますよね。2回分裂しますよね。そしたら2つのスターシードになります。そこから2回また分裂したら、今度は4になるわけです。そして、さらに2回分裂して、指が足りなくなった。ということで、たくさん、ずいぶんたくさんのスターシードがあるよということなんです。

あなたがサナトクマラに対して「Ｙｅｓ」と言った時に、そうですよ、この地球に1回降りて来たわけですからね。そして、大丈夫、できるって言ってたんだから。サナトクマラが早くおいでよ、志願者なんだからと。だから、皆さんがその14万4０００人のうちの一人だったんですよということです。ですから、たくさんの、たくさんの、たくさんのスターシードがありますよ。

ちょっとでも考えてみてくださいよ。ちょっとだけでもいいですから。あなたがスターシードだという事実を。多分、そうですすよ。そして、この地球を救済するために降りたのです。あなたは、この地球の振動を上げるために生まれたのです。あなたは、教え、成長させるために生まれたのです。そして、この地球を愛するために、まるで子どものようにですよ。地球は、美しいのです。そして、地球はあなたのものなのです。ですから、あなたが上に行った時に何と言うか。あんまりできなかったんだよねと、そんなことをあなたは上に戻った時に言うんですか。報告として。そんな人ですか、皆さん。すごい頑張ったよって言いますよね。皆さん、報告したいですよね。すごい一生懸命頑張りましたよって。すごい頑張りましたって言いたくないですか。あなたがこの次元上昇する地球に対して力を与える存在なんです。あなたが与えるんです。全員が。あなたがチームで、じゃあ志願しますって上で言った人たちなんですよ。

ですから、助けてください。この地球を光にしていくのは、あなたなんです。そして、あなたが成長し、あなたがその過程で学んでいるのです。実は、多くの皆さんが今日誕生日を迎えています。そして、私は準備ができました。立ち上がる準備ができましたと。私は、前に進むことができますと。さあ、立ってください。立ってください。立ってください。立ってください。

もし、あなたがこの地球で何でもできるとしたら、何をしたいですか。

参加者　すごい変なことを言いますが、空を飛んで、地球全てを見てみたい。

テリー　はい、今飛べるようになりました。ということで、またもう一つのスターシードが覚醒しました。すごいパワフルですね。さあ、鍵はこういうことなんです。あなたは、次元上昇します。必ずやります。しかし、自分のペースでやっていくんです。あなたのアセンションですから。私がこのスターシードプログラムというのを始めて、サナトクラマさんとね。私の友達サナトクラマさんとこうやって、ほら、おいでよって誘った時に、私たちが始めた時に、地球には絶対助けが必要だって分かっていたわけですね。

１９５０年代から60年代ぐらいの頃、私はスターシードスカウトというのを降ろしたんです。ですから、要は視察団を送り込んだということですね。どうかな、地球って。何か他にできることないかなと視察したわけです。そして、アシュタール、かなり地球やばいよということで、それで戻っていったわけです。視察隊もね。

ということで、１９６０年、65年、もっとさらに人を送り込んだわけです。では、報告書頼むよと。状況、好転してるじゃない。何度も、何度も起きてますけれども、実はこれまで、そうやってずっと報告が私に上がってきていて、状況の改善が分かったわけですね。あなたの美しい国である日本という国は、一番確かに最初にアセンションをしていくでしょう。だから、私はこの地にあるのです。私は、このスターシードが覚醒できるように、そして皆さんが活躍できるように、起こしに来ているのです。
本当にこの地を覚醒させるために、シャンバラを表面に持ってきて、できるんですよ、皆さん。たくさんのあなた方の同志がこの地球には降ります。その仕事は、任務は、愛するということです。全てが愛からスタートするからです。自分を愛してください。そして、自分の人生を愛してください。地球を愛してください。そして、自分の知ってる人を愛してください。そして、人に力を与える人生を歩んでください。生きてください。自分の真実を生きてください。

サナトクマラは、こんなところで、何にもできないと、一度は根を上げましたが、あなたもサナトクマラみたいに根を上げますか。そして、そうなりますか。あなたは、志願者として行くぞと言って来ました。この惑星を何とか直しましょうと。あなたの人生の行動、人生には必ずパターンというものがあります。あなたの人生には、目的があるのです。そして、使命があるのです。あなたには、ブループリントがあります。青写真です。そして、この惑星を助けるための使命がそこに書かれているのです。そして、それはあなたの心からスタートするのです。自分からスタートするのです。そして、その全ての始まりは、自己愛からスタートするのです。自分の家族を愛し、自分の地域社会を愛し、そして自然、水、海、イルカ、クジラ、全てを愛してください。全ては、愛なのです。私は、愛の大使であるアシュタールです。ですから、全てが愛から始まるのです。本当に、今日はここに来られて、嬉しかったです。本当に一人ひとりを尊敬しております。愛を持って尊厳を持っております。

しかし、この素晴らしい魔法のボックスが時計です。時間が来ましたと言っていますので、ですから私はこれにて失礼いたしたいと思います。ですが、一人ひとり皆さんにお伝えしたいのは、どうぞ、あなたの人生の中で困った時には私を呼んでください。そして、奇跡を起こしてください。そして、どうぞいつでも覚えておいてください。あなたは、奇跡そのものなのです。皆様、光の子であります。祝福がありますよう。それでは、私はこれにて失礼いたします。皆さん、その席に座ったままでいてください。

失礼しました。はい、テリーです。戻りました。ありがとうございます。皆様、本当に本当にありがとうございました。喜びであり、大変光栄なことでございました。本当の光栄を賜りました。

今日1日、残りもどうぞ楽しんでいってください。この皆様の前でお話しできたこと、大変光栄でございました。本当にありがとうございます。

肉体を持ったまま元の高い意識に戻る!
今、牢獄を抜けるタイミングの時——
2021年の冬至、ゲートは完全に閉じます

Part
3

並木良和 × アシュタール

Session 6 アシュタールの集合意識のどの側面にアクセスするか!?

並木　皆さん、こんにちは。並木良和です。よろしくお願いします。何かちょっといつもと違うのは何なんだろうと思った時に、さっき恵子さんやテリーさんがアシュタールを降ろしてましたよね。この空間って、宇宙空間と一緒になるんですよ。つまり振動数が宇宙の振動数と共鳴して、この空間が宇宙空間になるんですね。宇宙空間になると僕たちってね、ワクワクが止まらなくなるんですよ。つまり、宇宙の振動数ってワクワクと共鳴してるので、僕たちがそれにもしも一致し始めると、意味もなくワクワクが出てくるのね。

実は、さっきテリーさんと初めて会ったんですけど、僕が、ずっとコンタクトを取っているアシュタールという存在がいます。僕がコンタクトを取っているアシュタールっていうのはどういう意味かっていうと、アシュタールっていう一つの大きな意識があります。これって集合意識っていうふうに言っても間違ってはいないんですね。アシュタールという集合意識。この集合意識のどの側面にアクセスするかで、つまりチャネラーがこの大きなアシュタールという集合意識のどの部分に繋がるかで、見え方や捉え方が変わるんです。例えば、テリーさんがアクセスする、恵子さんがアクセスする、僕がアクセスするっていうと、ダイヤモンドのファセットってあるでしょ。面。なので、この面から見た時のアシュタール、こっちの面から見た時のアシュタール、こっちの面から見た時のアシュタールっていうふうに違いが出てくるんです。

だから、たくさんアシュタールをチャネリングする人が出てきたりすると、アシュタールの全体像が見えるんですよ。つまり、1人のチャネラーがアクセスする時、もちろんそれはアシュタールなんだけど、たくさんのチャネラーがアクセスすると、アシュタールの人となりが、もっとわかるようになるってことです。

ちなみに、僕はチャネリングっていう形で声帯を貸すのって、実はあんまり好きじゃないんですね。基本的に、自分の体を貸したくないの。こうやってアシュタールが伝えてくることを、聴きながら伝えていくのはいいんですけどね。でも、後でテリーさんと恵子さんと僕の3人で、チャネリングをするんですけど、その時は声帯をちょっとだけ貸そうと思います。

そうすると、きっとテリーさんのアシュタールの表現と僕の表現は全然違うな、って感じると思います。なぜなら、テリーさんはフルトランスなので、アシュタールの意識をそのまま入れますよね。でも僕は、ほら、貸したくない人だから、ちょびっとしか貸さないわけですよ。ちょびっとだけねって、存在たちに最初に言っておくんです。そうすると、逆にアシュタールの個性というよりは、僕の個性の方が強くなるんです。

テリーさんは、自分の個性を脇にどけてアシュタールに意識の領域を明け渡すので、アシュタールの個性が強くなりますよね。そんなふうな違いがあるんだけど、それは、恵子さんにも言えることで、恵子さんバージョンのアシュタールが表現されるわけです。なので、その違いを後で楽しみにしていてほしいんですが、今は貸しません。貸さないで、彼が僕の霊的な感性を通して伝えてくることを、そのまま伝えながらワークをしていきたいと思います。

どうですか。アシュタールのエネルギーって、皆さんどんなふうに感じます？　厳しいって感じる人もいますし、優しいって感じる人もいるんですよ。どうでしょうね……面白い？　確かに面白いところはありますし、ユーモアもあります。とにかく、マスターたちってすごいユーモアがあるんですよ。

昨日もイエスのチャネリングをやったんですけど、イエスはブラックユーモアのセンスが抜群なのね。でも、イエスがブラックユーモアなんて言うの？　って思うでしょ。ブラックユーモアの塊《かたまり》なの、彼って。つまり、マスターたちって、本当に僕たちが思っているような品行方正で、清らかで、何の穢《けが》れもなくっていうんじゃないんだよって知ってください。人間臭さも持っているんです。つまり、皆さんもこれからマスターになります。それは、霊的な成長における自然なプロセスです。簡単に言うと、マスターとしての自分に目醒めていくんですね。

でも、そのプロセスで私まだこんなに嫉妬してるし、人のことも非難してる、それに、こんな面も持ってるし、あんな面も持ってるし、私なんかマスターとしてふさわしくない、なんてみんな思ったりするんだけど、全然そんなことないですよって話なんです。なれるの、全然。関係ないんです。もちろん、それらはいずれ解消していくことになるんだけど、そういうものがあっても、あなたはマスターになっていけるわけ。というより、そういうものを持っているマスターなんですよ、既に。

だから、もし、そのことを思い出しさえすれば、あなたはもう着々とこの目醒めの階段を上っていき、その先のシフト、つまり、アセンションへと到達していくことになるというふうに、今伝えてきてるんですよね。

Session 7
こんな牢獄を楽しむために地球にやって来て、これからは牢獄を抜けていくのです！

並木　でも、ここで大事なポイントは、自分の向かう先なんですよね。みんな今は、迷いの中にいます。目醒めていくんだ、覚醒していくんだ、アセンションしていくんだって、いろいろな情報を受け取りながら皆さんはワークもするし、こういった話に耳を傾けに来たりするでしょ。でも、そんな中でも方向性を見失ってる人たちがいっぱいいるんですよね。これでいいのかな、これでいいのかなって。これでいいのかなってやってるうちは、はっきり言ってダメなんです。

つまり、いつまでも、これでいいのかなってやっていたら、あなたは目を醒ますことに心が決まっていません。なので、今日を境に終わりにしてください。それができた人から、これでいいのかなっていう迷いの牢獄《ろうごく》から抜けていけます。

実際にこの地球って、本当の本当の本当の秘密を言うと、牢獄なの。知ってた？　ここって、牢獄なんです。僕、言ったでしょ。この惑星って、楽しくて、楽しくて、本来の僕たちの高い意識では体験できないことを体験するためにやってきたんだよって話。でも、ここって牢獄なんですよ。その牢獄を楽しみに来たんです。

牢獄って、どうでしょう。制限がいっぱいあるでしょう？　例えば、刑務所で牢屋に入ってる自分を想像してみてください。そうすると、例えば朝6時になったらリリリリって放送が鳴って起こされて、もうちょっと眠ってたいなって言っても眠ってられないでしょ。そして、朝は食べたくなくても朝ごはんが始まります。食べさせられます。一服したいなって思っても、はい朝のお勤めが待ってますよ。朝のお勤めが始まります。疲れたなっていうと、もうお昼が始まります。お昼が始まって、もう眠くなったよって思っても、次は午後のお勤めが待っています。

みんなそうじゃない？　小学校だってそうだよね。それまでは何となく自由かもしれないけど、小学校に入ったら、もう遅刻しちゃだめだよ。朝何時から始まるでしょ。もうこれってね、牢獄の始まりなんですよ。本当だよ。こういう社会なの、この世界は。支配の世界。コントロールの世界。これね、重い話って思わないでね。みんなこの重さを体験したくてここにやってきたんだから。わざわざ自分から牢屋の中にキャーって言って入って来たんだよ。

だけど、これから皆さんは、この牢屋を出ていくことになります。つまり、牢屋を出て、元々の本来の自由な意識へと戻っていく時を今迎えているんですね。なので、この時期をアシュタールを始めとした宇宙連合に所属している存在たちは、牢獄に入ってることにすら気付いていない意識たちの目醒めをサポートしようと、意識を向けてくれているんですね。

それは、おせっかいという意味ではなく、今、目醒めのタイミングを迎えていて、もし、皆さんが、それを選択すれば、肉体を持ったまま、元の高い意識に戻っていくこともできるんですよ、という招待状を送ってくれているんです。その事実をチャネラーと呼ばれる、様々な宇宙や高次の存在と交流している、僕であったり、テリーさんであったり、恵子さんだったり、その他の人たちを通して伝えてきてるわけですね。

でも、この呼びかけは、いつまでもは続かないんですよ。もう間もなくその呼びかけは、終わります。そして皆さんの中にはやっぱりこうやって期限について聞くと、不安や恐怖、そして焦りを感じる人が出てくることも、よく分かります。

つまり、２０２０年の３月20日の春分からゲートが閉じ始め、二極化が始まりますよ。そして、２０２１年の冬至にはゲートは完全に閉じ、その後は、あなたが決めた道にしか進めなくなります、と。こうした話を聞くと、やっぱり不安や焦りを感じてしまうかもしれません。

でもね、あなたがこの2021年の冬至を過ぎた時、こうした情報に触れることは必要なことだったんだってことに、きっと気づくと思います。つまり、きっかけっていうのが必要なんですよ。目を醒ましていくのに、牢獄から抜けていくのに。

だって、牢獄に入っていることすら気付いていないんだよ。みんな、それが普通、これが当たり前って思いながら、過ごしてきたでしょ。でも、これって当たり前じゃないんだよ。そして今は、何かがおかしいんじゃないかって気付き始める人たちがいっぱい出てきてるんですよ。

Session 8
今からはお金、経済という宗教も抜けて行きます！

並木　ちょっとシリアスな話になってしまうかもしれないけど、僕たちは、抜けて行かなきゃいけないものっていうのがいっぱいあるんです。牢獄を抜けるために、まず僕たちがみんな入ってる宗教を抜ける必要があります。宗教って、何だか分かる？　何でしょう。そうですよね。お金という宗教、つまり経済という宗教です。僕たちは、この経済って、もう物心ついた時からというよりも遥か以前から、ずっと続いています。何世紀も何世紀もこの貨幣経済というものが僕たちの根底にはありますよね。

そして、お金がないと生活していけない。これをやりたいんだけど、お金がないからできない。まさに、これが牢獄の中での体験だったんですよ。でも、この貨幣経済がコントロールシステムだっていうことに気付いてない人たちって、いっぱいいるんです。でも、このシステムっていうのはピラミッド構造の中の頂点にいる一部の人たちが牛耳り、僕たちはそのおこぼれにあずかってるっていう図なんですよ。簡単に言うとね、この地球っていうのは、僕たちに全てを与えてくれています。全てを与えてくれてるの。だから、本当は足らないってことは、ないんですよ。

だけど、例えば、おにぎりを100個支給しますって地球からやって来たとします。そうすると、このピラミッドの頂点の人たちは99個を取ります。そして、1個をほれって下にいる人たちに投げるの。そうすると、みんなうわーって取り合うでしょ。1個どころか、一粒のお米を争って、この争いの中で罵《ののし》り合いが起きたり、殺し合いが起きたり、さらに発展して戦争が起きたりっていう、そういうことを僕たちはずっと体験してきているんだよ。それが現状なんですよ。

これをおかしいと思わないのは、本当におかしなことなんだよ。だから、僕たちは本当の意味で目を醒まし、おかしなことが起きてるぞって声を挙げる人が出てくることが、とっても大切なんです。そういう人たちが、もっともっと、たくさん出てくることが、とてもとても大事な時を迎えているんです。

僕たちは、自らこの牢獄の中に入ったわけですけど、もう十分にこの牢獄を体験したでしょ？　つまり、みなさんは見学ツアーに来たわけですけど、この牢獄のあらゆる施設は全部もう巡ったんですよ。十分に見て、もう見るところがないぐらい見たので、もうそろそろいいかな、っていう。そうじゃない？　どこかに遊びに行って、そこを十分に堪能し尽くしたら、もうそろそろ帰ろうかなってなるでしょ。それと全く同じことが今起きてるってことです。

なので、もしあなたたちが帰ることを望むのであれば、私たちがサポートしますよ、っていうことで、アシュタールをはじめとした宇宙連合の存在たちは、目を醒ますための方法や、なぜ僕たちがここにやって来たのかを思い出すことを促すお話であったり、そういったメッセージや情報を送ってくれるんですね。そんな風に、沢山の存在がいる中、僕は特にアシュタールが気になっていたわけではないんですよ。はっきり言って、よく知らなかったですし。だから、アシュタールが大好きってわけでもなかったんですよね。でも、いつの間にかアシュタールと繋がりが深くなり、何かっていうとアシュタールが話しかけてくるようになったんですよ。

例えば、情報はどこから出て来てるのかなって、キャッチするじゃないですか。誰が話してるの、これっていうと、多くの場合、アシュタールっていうんですよ。アシュタールって何だろうって、最初はそれぐらいにしか思っていなくて、しかも、よく知らなくて（笑）。でも、だんだん紐解《ひもと》かれていった時に、アシュタールと魂レベルのご縁があったことを思い出したんですけど、そこからですよね、意識するようになったのは。もう何かワークをするっていうと、呼んでないんだけど来てくれるみたいな（笑）。つまり、アシュタールとは全然関係ないテーマなのに、アシュタールが来てくれるっていう。

でもね、これって、彼らが僕たちの覚醒を促すべく、常に誠心誠意を尽くしてくれているっていうことで、本当に頭が下がることなんです。

アシュタールは、もちろん僕たちとは違う形態で存在しているので、全く疲れ知らずで、求める人には、惜しみなくサポートをしてくれます。もちろん、必ずしもメッセージをくれるとは限りませんが、サポートを求める人には、必ずエネルギーを送ってくれます。その人を必要なエネルギーで包み込むことで見守るって言った方がいいかな。言い方を換えると、こういったアシュタールフェアなんかに来てくださってる皆さんは、たとえ気づいていなくても、アシュタールとのご縁っていうのを必ず持っています。

なので、こういう機会っていうのは、何が起こるかわからないくらいの、すごい可能性を秘めていて、僕は楽しみにして来ました。それはアシュタールも同じです。

Session 9 北極星と松果体のワークに入ります！

並木　なので、早速ワークに入りたいと思います。さっき、道を見失ってしまっているっていう話をしましたが、今日アシュタールが言ってきているのは、自分の中に北極星のエネルギーを取り入れましょうって言うことなんですね。北極星ってあるでしょ。北極星。あの北極星って、いわゆる夢とか、希望とか、インスピレーション、悟り、そういうものの象徴なんですって。これをあなたの中に、つまり、エネルギーっていう意味なんですけど、これをあなたの中に取り入れると、自分の道が明確に見え始めるんだそうです。

みんな、自分の道をどう進んで行ったらいいかっていうのが分からなくなってしまっています。でも、このエネルギーに繋がると、一人ひとりが自分の道をしっかりと見出していくことができるようになる、とアシュタールは伝えてくるんですね。なので、北極星のエネルギーをまず取り入れることから始めて、さらに今この会場にいる皆さんのエネルギーに必要なワークを行ってきたいと思います。

では、僕がアシュタールが伝えてくる言葉を通訳していきますので、皆さんは僕の誘導にイメージをしながら、ついて来てください。

手は、こうやって手のひらを上にして、それで膝の上に置いておいて。これね、受け取る姿勢といいます。つまり、エネルギーをダウンロードする時に、この姿勢が大事なの。この姿勢って、ただ手のひらを上に向けるだけですけど重要です。軽く目を閉じて、軽く顎を引いて、背筋は自然に伸ばしておいてください。

深い呼吸をしながら、自分に集中しつつ、リラックスします。もし、肩に力が入ってるなと思ったら、１回肩の力をグッと上げて、ストンと下ろして、肩と肘の力を抜いておいてください。

アシュタールは、皆さんが自ら入った牢獄からいよいよ、本当の意味で抜け出す時を迎えましたということを、繰り返し伝えてくるんですね。目を醒まし、自由なあなたへ戻っていく、今そういうタイミングを人類全体が迎えていると、伝えて来ています。

では、あなたの周りが宇宙空間になってるのをイメージしてみてください。そして、あなたの足元が、プラチナシルバーの色合いが綺麗に発光している波打つ磁場になっているのを見てください。この磁場は、海みたいに波打ってるんだけど、それって、活き活きと息づいてるの。躍動感のある磁場なんです。そして、この会場にはもちろん周りに壁がありますが、それが全部とっぱらわれていて、水平線とか、地平線まで、どこまでも広がっている磁場をイメージし、あなたの頭上にはものすごい数の星や惑星が綺麗に瞬《またた》いている宇宙空間になっているのを想像してください。

さあ、いいですか。この宇宙空間の中で、星空を眺めていてほしいんですけど、あなたにとっての北極星を見付けると、意図してください。自分にとっての北極星を見付けると意図しながら、この星空を眺めてみてください。そうすると、ひときわ明るく輝いて、あなたにここだよって教えてくれる星が輝き始めます。それが、あなたにとっての北極星のエネルギー。見付けましたか。

いいですか。もし、その星を見付けることができたら、しっかりとそれに焦点を当ててください。その北極星をしっかりと見つめるんです。そして、意識を眉間《みけん》に持っていきます。つまり、第三の目です。この奥には松果体があります。大体、脳の真ん中辺りです。小指の先ぐらいの小さい、よく松ぼっくりみたいな形をしてるというふうに表現されますが、その松果体がこの脳の中心辺りに存在しています。あなたは、そこに意識を向けながら、その北極星をこのずーっと第三の目を通して松果体まで吸い込んでしまってください。イメージだからできるでしょ。息を吸いながら、その北極星をずーっと自分の方に手繰り寄せてきて、そして眉間を通して、その奥の松果体にカチッ、しっかりと設定するようにイメージをしてみてください。

そして、松果体でこの北極星のエネルギーがものすごく輝きを増しながら光り輝いています。しばらくこの眉間の奥、松果体ですね。ここに輝いている北極星の輝きを体感してみてください。人によっては、ちょっと眉間がムズムズしたり、何となく頭が痛いなって感じたりする人もいるかもしれません。新しい波動をあなたの松果体にダウンロードしているので、少し不快な感覚を感じる人もいますが、呼吸と共に慣れてくるとだんだん収まってきます。この北極星は、これからのあなたの道しるべになってくれますので、そのまま この松果体で輝かせたままにしていてください。

いいですか。そうすると、あなたの目の前にたくさんの道が見えます。何本も道が向こうに続いていて、そうやって、あなたの目の前にたくさんの道が見えてくるんですね。その中には真っ黒の道もあるし、何となく鈍く光り輝いている道も見えるし、輝いている道もいくつかあるんですけど、これからあなたが進んで行く道というのは、あなたにとっての真実の道なんです。誰かが用意してくれた道ではなく、誰かが導いてくれる道ではなく、あなたの真実をしっかりと表現できる道、これがとても大切なんです。

牢獄から抜けるためには、あなたは自分の感覚を最大限信頼する必要があります。牢獄は、自分の感覚ではなく、あなた以外の言うことを聞きなさいという次元だったのね。世界だったのね。これこれが正しいからこれをちゃんと信じて行きなさい、これこそが大事なんだから、ちゃんと守ってねっていう次元だったんです。世界だったんです。

でも、あなたはそこを抜けて行こうとしているので、自分の道を見付けなければならない、とアシュタールは伝えてくるんですね。たとえ、あなたにとっての真実を誰かが否定したとしても、あなたは自分の真実の道を歩んでいかなければならない、と伝えてきています。それがマスターたる者の道であるそうです。つまり、完全に自己信頼のもと、自分に100パーセントの責任を持ち、自分にとっての真実の道を進んで行くこと、これこそが本当の意味で牢獄を抜けて行くあなた方に求められる資質であるというふうに、アシュタールは伝えてくるんですね。

さあ、たくさんある道の中で、私にとっての真実の道はどこって聞いてみてください。そうすると、ひときわ光り輝いて、何本もある道の中で、あなたにここだよって教えてくれる道が出てきます。それを探してください。それは、あなたにとって懐かしい感じがするかもしれません。その道の先が末広がりのように広がっていて、ワクワクの感覚が出てくるかもしれません。心から喜びの感覚が出てきたり、どうなっていくんだろうっていう、湧き上がる未知の楽しさを感じるかもしれません。でも、そうやってあなたにひときわ輝いて教えてくれる道をまず探してください。あなたの北極星が導いてくれるので、絶対に間違うことはありません。これは、あなたの魂の道のナビゲーションをしてくれるナビゲーションシステムとしてこれから働いてくれます。それでは、あなたの道を見付けたら、その道の前まで歩いていってください。そして、その道の前に立ちます。

さあ、ではいいですか。そのあなたが選択した自分の真実の道、これでいいのかなっていう迷いを捨ててくださいね。あなたが自分でこれだ、この北極星の導きによってこれだって見付けた道は、絶対にあなたにとって間違っていません。そして、この道の先には、これからのあなたの可能性というのがいっぱい広がっています。今まで出会ったことのないような人との出会いが待っています。今まであなたが体験したことのないような経験が待っています。あなたが今までこんな話聞いたことがない、あなたの元に入ってくるような話の中でこんなことは初めてだっていうようなチャンスが待っています。そんな自分の真実の道をこれから進んで行くことに、ワクワクしながらその一歩を進めて、そしてイメージの中でどんどんその光の道を歩いていってください。

さっきも言ったように、その道は末広がりになっていて、どこまでも広がって輝いています。あなたがさらにその道を歩いていくと、その道の向こう側にものすごい光り輝く存

〈受け取る姿勢〉
手のひらを上に
リラックスして
深い呼吸をする
北極星
松果体
北極星のエネルギーを
眉間を通し松果体まで
吸い込む。
プラチナシルバーに
輝いている
私にとっての
真実の道はどこ？
ひときわ輝く
アシュタール
あなたの光の道

在が現れます。この光り輝く存在こそがアシュタールです。アシュタールをどんなふうにイメージしても構いません。よく宇宙服に身を包んだ髪の長い男性として描かれたりすることもありますが、確かにアシュタールはそんなふうに出てくることもあります。

でも、あなたのイメージの力を彼は使って自分の姿をあなたに見せますので、これはここにいる数の人だけいても全然構わないんですね。もしくは、イメージがうまくできなかったら、単に強く光り輝く光の存在としてイメージしても構いません。

さあ、そのアシュタールの前に歩み出ていって、心の中で挨拶をしてください。アシュタールこんにちはというように。そして、彼は言っています。私は、あなた方一人ひとりを昔から知っていると。あなた方を私は覚えていると、繰り返し伝えてきています。あなた方の夢の中に出ていったこともある。あなた方が瞑想中に会いにいったこともある。あなた方が気付かない時も、私はそばにいたと、伝えています。

つまり、皆さんの進化のプロセスというものを陰ながら常に見守ってくれていたということです。

Session 10
さあ、アシュタールのエネルギー（光のシャワー）を受け取ってください！

並木　さあ、では、アシュタールがその右手をあなたに向けて、伸ばしてきます。アシュタールの親指がちょうどあなたの額《ひたい》、ちょうど眉間のところですね。そこにあてがわれるのを見てください。そして、アシュタールの人差し指、中指、薬指、小指は、あなたの頭の上にそっと置かれるような感じです。マスターたちが自分のエネルギーを伝授する時、こうした姿勢を取ります。こうしてアクティベーションという活性化が行われるんですね。

では、このままこれからアシュタールがあなたに向けて彼のエネルギーを流してくれます。あなたは、よろしくお願いしますと依頼し、深呼吸しながら、ただ心をオープンにしてそのエネルギーを受け取っていてください。深呼吸しながら、彼がその優しい、でもパワフルなエネルギーをあなたに向けて送ってくれています。バイブレートしながら、ものすごい光が彼の手から溢れ出て、あなたの額、頭、そして体全体を包み込むのを見てください。深呼吸しながらこの額を通して流れてくるエネルギーは、あなたの松果体へと流れ込んでいきます。そして、あなたのフィールド全体に流れ込んでいきます。

そして、こう言っています。この私のエネルギーと共振しながら、あなたがここに生まれてくる前にした約束をしっかりと思い出しなさいと。あなたが何者であるのか、あなたが何をしにこの地球にやって来たのか、今私のエネルギーを受け取りながら、それを思い出してみようとしてごらん、と伝えてきています。そうすると、あなたの中にいろんな考えや感情やビジョンや思いがやって来るかもしれません。

でも、もし今このタイミングで何の答えも浮かばない、何の思いも浮かばないってなっても、そのままにしておいてください。つまり、あなたが日常に戻ってから改めて直感を通して、もしくはインスピレーションを通して、もしくはシンクロニシティを通してそれに気付くことになるからだそうです。

今大切なのは、彼のエネルギーをオープンになって受け取って、そしてこの地球に生まれてきた自分の目的、役割、それを思い出そうとすることなんですね。それが大事なんだそうです。

さあ、では、彼のこのエネルギーの流れがゆっくりになってきました。弱くなってきましたので、このアクティベーションがそろそろ終了になります。急速にそのエネルギーがどんどん小さくなっていきます。そして、あなたの頭から彼が手を離すのを見てください。そしたら、彼の目を見てみてください。あなたの前に立っている彼の両目を見てみてください。この目というのは、魂のエネルギーを表すものなんですね。そして、魂のエネルギーをまっすぐに通すものなんです。なので、この目を通しても今、彼はあなたに深い知恵、叡智というものを思い出させようとしています。あなたは無能な存在でも無価値な存在でもなく、ものすごく叡智に満ちた尊い存在であるというふうに彼は伝えてくるんですね。

この牢屋の中に入ってる時というのは、全くもって自分は偉大な存在であるということを忘れてしまっている状態なんだそうです。彼の目の奥を見てみようとしてください。彼の目の表面ではなく、彼の目の奥を見ようとしてください。そうすると、あなたの波動に彼の波動が共鳴して入ってくるはずです。そして、あなたのハートに振動するはずです。あなたの中にある宇宙の種が活性化し始める、と彼は伝えてきています。この種にあなたの宇宙からの情報、記憶、叡智、これらが全て含まれていて、これが活性化する時、あなたはこの地球で自分の使命というものを思い出すことになる、と言っています。それは、記憶にのぼらなくても自然に、直感的に導かれる行動であったり、自然に行う行動を通して果たされることもあるそうです。

では、彼にありがとうという感謝の気持ちを伝えて、さらにその先へ歩き始めてください。そのまままっすぐあなたの光の道を歩いていくと、光はどんどん強くなっていきます。そして、心地が良いなって感じるところまで歩いていったら、そこでいったん止まってください。

末広がりのあなたの真実の道の真ん中であなたが立っているのを見てください。そうすると、宇宙からあなたに向けて、その真実の道を歩き始めたことへの祝福のシャワーがうわっと溢れ出てくるように降りてきます。あなたに向けて虹色の光のシャワーでもいいですし、黄金の光のシャワーでもいいです。宇宙からの祝福のシャワーがいっぱい降り注ぐのを見てください。

そして、あなたの頭上から体の中に入り、足裏を通して磁場にアースされていきます。あなたの体の周りもこの光はずっと洗い流すように流れていきます。深呼吸しながらどんどんこの祝福の光を受け入れてください。これは、あなたのために源から降りてきている祝福であるというふうに伝えてきています。

そして、あなたがどんどんクリアになっていき、透明感溢れるクリスタルの体になっていくのを見てください。あなたの体の形をしたクリスタルでもいいですし、クリスタルの柱のように自分を見ても構いません。どんどんその光を受け入れて、ますます自分のクリ

Session 10
さあ、アシュタールのエネルギー（光のシャワー）を受け取ってください！

スタルが輝きを増すのを見てください。十分に光り輝いたら、そのまま光のシャワーは受け取っていていいです。この光のシャワーには情報が含まれています。あなたに必要な情報が、インスピレーションとして入ってきます。こうして、常にあなたはインスピレーションを通して情報を受け取る状態が出来上がることになります。これを持って、これからあなたの道を進んでいくことになります。あなたがどうすればいいかなって思うと、直感的にこうすればいい、とすぐに分かるようになります。

こうやってあなたは自分の直感に導かれながら、ますます自分の真実の道を拡大して進んでいくことになります。

では、光のシャワーを浴びながら、ゆっくりと目を開けてください。

Session 11
ＵＦＯを目撃するのは コンタクトが始まります、という合図

並木　これから、もし、あなたが北極星を見付けたら、それを眺めながら、その北極星から光線のようにエネルギーがやって来て、自分の額を通って、松果体に届くところをイメージしてみるといいですよ。

そうすると、迷っている人に急に光明が照らし出されるように、こうすればいいっていうひらめきがやってきたり、また、どうしたらいいだろう、と思い悩んでいたことにしっかり答えが出てくるようなことを体験するそうです。

だから、この夜空の北極星や、あなたの松果体に設定された北極星をしっかりと意識して過ごしてみてください。そうすると、直感力が鋭くなってくるのが分かります。どう？　最近直感力が増してきてるなって感じてる人、います？　直感力が増してきてるってことは、実は、あなたの道を歩き始めてるってことなんです。あなたが自分の真実の道を歩き始めると、直感はどんどん増してくることになります。

つまり、真実の道を生きるってことは、皆さんの魂とのつながりがどんどん強くなっているってことなんですね。あなたが真実の道を生きるためには、自分自身の意識、もっと言うとハイヤーセルフですね。このハイヤーセルフと一致していくことが必要になります。ハイヤーセルフと一致するから自分の真実の道っていうのが見えてきて、それを進んでいくことができるんですよ。自分のハイヤーセルフにつながると、このハイヤーセルフから直感やインスピレーションがどんどん降りてくるので、それは直感力が増してきたなっていう体験をするわけですよ。なので、このことを日々意識するようにしてください。

今という時期は、本当に加速して宇宙が動いてるので、例えばUFOとか、スペースシップって呼ばれるもの、これを最近よく見るなって人、いる？　やっぱりさすがにあんまりいない？　というか、空見てないでしょ。空見ないと見えませんから（笑）。空、眺めててごらん。もし、そんなに暇じゃないのよって言うかもしれないけど、3時間ほど空を眺めてるじゃない、晴れた日に。そうすると、2～3機飛んでるから。本当だよ。だから、眺めててごらん。だって、みんな見たいでしょ、UFO。

UFOっていうのは、未確認飛行物体っていう意味だから、未確認じゃないんだけど、もう既に確認されているわけです。あれは、スペースシップなので。だけど、飛んでるのが見える。そうすると、皆さんに向けて、向こうからシグナルを送ってくれたりするんですよ。

それこそあなた方は、地球に閉じ込められているちっぽけな存在ではなく、そこから抜け出て、本当にあなたの自由を思い出していく時を迎えていますよ。そして、もしあなたが心から望むのであれば、どうぞ我々のエネルギーを受け取ってくださいって、エネルギーを本当にバンバン送ってくれるから。

だから、ＵＦＯを見たりすると、わっ、て気が上がるのは、見ちゃったっていうことよりも、エネルギーを受けて波動が上がっているから、わっ、てなるんだっていうふうに覚えておいてください。今は、本当にいっぱい来てるよ。特にね、あそこが見えやすい……近場でいうとハワイね。近場かどうかは分からないけれど、でも、別に辺境の地っていうほどでもないでしょ。とにかく、あのハワイはいっぱい飛んでるから、今。もう、すごいよ。ジグザグに飛んじゃったりして。

あれ、何で不思議な軌道を描いて飛んでるか、知ってる？　こんなことができるの、我々ってすごいでしょって言ってるんじゃないからね。そうじゃなくて、例えば、わかりやすく言うと、空気抵抗や、エネルギーの摩擦が少ないところを選ぶわけ。そうすると、ああいう動きになるのね。そして、すごい光を放ってるから、たとえちょっとぐらい雲が出てて、その向こう側を飛んでいても、その光が雲の下から見えるぐらいにものすごい明るいんだよ。だから今、そういうのがいっぱい飛んでいて、何で飛んでいるのかっていったら、僕たちの覚醒を促すためなんですよ。本当に。つまり、いいですか。これから我々の文明と正式にコンタクトが始まりますよっていうふうに、伝えてきてるんですよ。

どうする？　降りてきちゃうんだよ、彼らが。地上から空を見上げて、わー、すごい、なんか面白いね、素敵だねっていうふうに言ってるのと違って、本当にこの地上にどーんって降りてきちゃったら恐怖だと思うよ。そうでしょ。恐怖だと思わない？　何を言ってるかっていうと、何で彼らが今、地球に降りて来ないかっていったら、皆さんが恐怖を持ってるからです。恐怖を持ってると、彼らは降りて来られないのね。例えば、その恐怖が国単位で起こってごらんよ。戦争が始まるよ。彼らが降りてきた時に、もう大変。臨戦態勢に入って、銃を向け、戦車を向け、ミサイル発射用意ってなるんだよ。

だから、そうなることを知っているので、彼らはまだまだ降りて来られないんです。僕たちが、先ずは意識を進化させていく必要があるんです。そうやって、不安や怖れの周波数を手放し、OK、もう私たち準備できてるからってなったら、降りて来ることになるんですね。

UFO見た人、さっき、ちらっと手挙げたじゃない。いわゆる宇宙人を見たことある人、いる？　いないの？　いた、いた。どんな宇宙人を見た？

参加者　空を眺めていたら、空におじさんみたいな人が浮いていて、ずっと見てたんですね。ぷかぷかと浮いていて。散々見て、もういいかなと思って家に帰って、母親に伝えたら、何で言ってくれないのって言って、もう一度見に行ったら、もういなかったんですね。そしたら、家の裏、ちょっと山っぽくなってるんですけど、まんまるい真っ白い球体のＵＦＯがびゅんと上がって、太陽の中に消えていったんです。

並木　なるほど。お母さんもおじさんが見たかったんだね。そうだよね。みんな一人で見ると怖いんだけど、一緒に見るとちょっと恐怖感が和らぐみたいなのがあったりするけど、でも本当に宇宙人が実際に降りて来ちゃうんだよ。オープンコンタクトっていうのは、本当に僕たちと他の宇宙種族とが交流をするっていうことなので、その眺めてるのとは訳が違うわけよ。だから、相当恐怖だっていうことを知っておくことが大事。

もう僕たちは、深く意識を眠らせてきたから、本当はもう自分だってここにやって来る時には宇宙人だったわけなんだから、みんな自分が地球人であるっていう自覚ぐらいは持ってる？　千葉県民ですぐらいにしか思ってないでしょ（笑）。あなたは地球人ですけど、でも地球人という前に、あなたはいわゆる宇宙人として存在していたことがあり、そしてこの地球に降りて来たんだからね。だから、全然特殊なものでも、怖いものでもなく、本当にファミリーなんだって。この宇宙の種族というのは、皆さんとファミリーです。家族です。

だから、そういう意識が持てるぐらいまで僕たちは自分の周波数を上げていき、調和の意識へとなっていくことが今すごい求められてるんですよ。

でも、どう？　世の中見ると、非難とか批判とかそんなのばっかりが溢れてるでしょ。人の足を引っ張り合ったり、誰かの頭をぐーっと押さえつけてみたり、こんなんでどうやって彼らがやって来られるんですかって、ことなんですよ。

つまり、ここは牢獄ですって言ったけど、本当に牢獄なの。僕たちは、もちろん楽しみで、ここが楽しくて、自分たちの体験できないことを体験できるってやって来た者もいれば、実際にこの地球に送り込んじゃえって、簡単に言うと、進化や成長や進歩を一切いたしませんという存在が送り込まれてきたりする場所でもあったんだよ。だから、本当の意味でもここって牢獄だったりするのよ。流刑地みたいな感じ。流刑地。でも、これ聞いていて、ちょっと心地の良い話ではないけど、なんだか分かる気がするって感じる人って、いると思うよ。でも、これが真実なの。

これ、ちゃんと話しておくことが必要で、僕はずっと統合という話をしながら、僕たちの意識っていうのはこういう意識で、ここ遊園地みたいに楽しみで来たんだよっていうことをお話してきました。確かにその通りなんです。でも、そういった側面もあるんだっていうことを知ることも大切なんですね。それを知るから皆さんは、なるほど、私はもうこの流刑地から、牢獄から抜けようっていう意識になるのよ。

だからね、この地球の真実っていうのは、これから本当の意味で明かされていくことになります。だって、歴史だってそうだよ。皆さんが信じている習ってきた、0点とかなっちゃった人もいたかもしれないその歴史は、90パーセント以上は嘘なんだよ。だから、あなたが書いたことはもしかしたら丸だったかもしれないわけよ。そうでしょう。私の成績を返してって言いに行きたくなるぐらいに、全然習ってることと真実っていうのは違ったりします。でも、そういうことがどんどんこれから明らかになっていくのね。なので、すごくそういった意味でエキサイティングな時代を迎えています。

でも、それを見ていくためには、あなたは目を醒ましていくことを決めないと、その目を醒ましていった先の真実は、決して見れないよ。なぜなら、あなたが眠りを選択したとするじゃない、例えば。今回のタイミングで。でも大丈夫だよ。いつも言ってるように、宇宙は慈悲深いから、また何度でも覚醒のチャンスを与えてくれるんだから。もちろん、いつも言っているように2万6000年後かもしれないけど。でも確実に、もう1回も2回も3回も4回も与えてくれるから、だから全然心配しなくていいんです。

ただ、今これから起きていこうとしているこの変化は、すごいエキサイティングなことなので、あなたは目を醒ましてその事実を見た方がきっと楽しいと思います。ワクワクしない？　みんなで楽しもうよっていう、そんな感じ。宇宙の種族たちの応援っていうのは、何も深刻なものではありません。目醒めなさい……あ、カンペが10分前、って出た（笑）。


話を戻して、彼らは目醒めなさい、覚醒しなさいなんて一言も言ってないのね。そうではなく、あなたがもし目醒めたいのであれば、今ですよ、牢獄から抜けるチャンスは今ですよって言ってるわけ。だって、さらに眠ることを選択したら、牢獄のさらに奥深いところに潜っていっちゃうんだよ、僕たちは。少しずつ牢獄を体験して、奥の奥まで体験して、なんだかもう十分体験したねって言って、やっと入り口の方までみんなが向かって来てるところなのよ。

そのまんま入り口から出ちゃえばいいんだけど、眠りを選択するっていうことは、もう1回体験したいわ。分かる？　あるじゃない、ほら、もう1回乗りたいってあるでしょ。楽しかった、ほら、こういうの。何だっけ。そう、ディズニーシーのタワー・オブ・

テラー。あれ、好きな人、いる？　あれ、楽しいよね。もっと落ちればいいのにって思うよね。ガンガンガンってなって、怖かった、楽しかったって言って帰るけど、ちょっとごめん、もう1回乗って来てもいい？　ってあるでしょ。それみたいに、この入り口から出ようとしてるんだけど、もう1回戻ってきてもいい？　ってやってることと一緒なんですよ。だから、いいんだけど、だってタワー・オブ・テラーだって乗りに行ったりするでしょ。

いいんだけど、でも、せっかく今もう入り口まで来て、もうちょっとのところにいるので、もう十分かなって思ったら、絶対こっちの方を選択した方が楽しいと思うんですよ。だから、それを皆さんに呼びかけてるんですよね。

Session 12
この檻を出る、牢獄を抜ける、真実のエネルギーワーク

並木　2021年の冬至が終わったら、もうこの呼びかけはおしまいです。だって、もう決まってしまうから。つまり、私はもう十分、ありがとね、面白かったって言って出ていく人と、もう1回探検してくるわって戻る人とが分かれるわけですから。この違いがあるだけで、良いとか悪いとかではないんだけど、でも、ちょっと最後にもう一つやりたいワークがあります。

先ず、アシュタールが言ってきているのは、あなたのイメージの力を侮《あなど》らないでください、ということなんですね。多くに人はイメージワークをするとき、こんなのただのイメージ、想像じゃないか、と思ってしまうんだけど、イメージを通してその先の真実のエネルギーにつながっていくことができるのね。

だから、このイメージ自体が重要なのではなくて、イメージを通して僕たちはその先のエネルギーにアクセスすることができる、もっと言うと真実のエネルギーにアクセスする

ことができる、これが重要なんです。

例えば、お釈迦様の像がありますよね。このお釈迦様の像には、何の意味もないです。これに何の重要度もありません。ただ、お釈迦様っていうこの形として見ている、このシンボルを通してその先のブッダの、釈迦のエネルギーにつながっていくことができるんですね。これが重要なんです。でも、何か形がないと僕たちって認識が難しいから、何か焦点を合わせるものを必要とするんですよ。

つまり、お墓なんかに行っても、お墓って何のためにあるかっていったら、お墓って、亡くなった方に焦点を合わせるためにあるんですよ。何もないと、おばあちゃん、おばあちゃん？って、分かるかな。どこにいるの、おばあちゃんみたいになるんだけど、おばあちゃんのお墓があれば、そこに意識を向けられるじゃない。それがアンテナになって、おばあ様とつながるのね、簡単に言うと。

だから、イメージはそういう意味で大切なんだって知っておいてください。イメージなんだから、何の意味もない。こんなのただのまやかしだよじゃなく、これを通してあなたは真実のエネルギーにつながっていけるんです。

それでは、軽く目を閉じてください。手はどうでもいいです。組んでいてもいいですし、さっきみたいに手のひらを上に向けていても構いません。いいですか。自分に意識を向けて深呼吸をして。すごいシンプルです。あなたの中でもう、この檻を出る、牢獄を抜けるっていう意志を明確にしてください。これで準備完了です。シンプルでしょ？　でも、このシンプルさが大事なんだよってアシュタールは伝えてきています。

さぁ、では、あなたは今、この檻の外に出ようとしている、まさにその時である、と思ってみてください。そして、あなたは今うろうろしてるの。どうしようかな。出ようかな。どうしようかな。もう1回戻ろうかな。どうしようかな。出ようかなってやってるんですね。

でも、その時にもうあなたは北極星のエネルギーもしっかりと取り入れました。自分の真実の道を歩き始めました。であれば、もうあなたは牢獄から抜けるっていう意志が明確になっているはずなので、あなたはそれをしっかりと心の中で宣言します。もう私は、自分が自ら入ったこの檻から抜けていく。この地球に作られた牢獄から完全に抜け出るというふうにしっかりと宣言してください。あなたが主人公なので、あなたが決めていく必要があります。誰かがあなたの手を取って、そこから出してくれるっていうことはありません。

さあ、いいですか。では、あなたの目の前に檻の扉があるので、それをばーんと開け放ってください。もうここから抜けると決まった人は、檻の扉を思いっきり開け放つんです。そして、その扉をくぐって、ぶわっと光を放ちながら外に出てください。あなたは檻の中で自分の光をずっと閉じ込めてきたので、自分が偉大な光の存在であるっていうことに気付かなかったんです。でも、今あなたは、檻を抜けて、光を放ちながら大きく拡大していきます。そして、その先はものすごい、もう何の制限もない広い、広い空が広がっていて、どこまでもあなたが望めば拡大していくことができるんだっていうことに今気付いていきます。

深呼吸をしてください。そして、イメージの中で後ろを振り返ってください。そうすると、牢獄の扉が見えて、その向こうは闇になってます。自分はあんな中にいたんだ。何も見えないところでずっとうろうろしてたんだなっていうことが分かります。

でも、もうあなたはここに再び戻ってくる必要はないので、鍵を掛けちゃいます。あなたのそばにアシュタールがいるのに気付いてください。そして、彼はその手に鍵を持っています。牢獄の鍵です。それを受け取ってください。そして、あなたが自らその牢獄の扉を閉めて、もうここに戻らない、二度と戻らないというふうに決めて、鍵をかちゃっと掛けてください。そしたら、この鍵、ぽーんってほっぽり投げて、捨てちゃっていいです。もうあなたは戻って来ないので、これ要らないですからね。

それでは、その光の空間の中にうわーってあなたが拡大していくように広がっていく感覚を感じてください。あなたは、この牢獄の中から出て、すごい上昇気流でぐわーっと大きく、大きく拡大していきながら、この新しい時空間へと広がっていきます。

どこまでも広がっていける、あなたが望むだけ広がっていける、望むだけ拡大していくことができる、もう檻という制限がないので、あなたは自由自在にどこまでも好きなだけ拡大していくことができるんです。この自由な感覚を味わいながら、ゆっくりと目を開けてください。

いいですか。もし、また自分が檻に入っているように感じたら、同じようにワークをしてごらん。もう今の自分は、そこを抜ける瀬戸際にいて、私が決めるだけでいいんだって、もう1回やってみるの。アシュタールに鍵をもらって、もう1回カチャッと閉める。これを何度も何度もやっていると、もうこれやめようってなるのね。出たり入ったり、出たり入ったりするのをやめようってなるんです。飽きるのよ。

そうすると、もうあなたは確実に光の世界の方だけに意識を向けることができるようになります。光の世界の方に意識を向けるっていうのは、それが真実の世界だからだよ。あなたは、光そのものだからです。光がいいからじゃないですから。それだけは勘違いしないようにしてくださいね。光がいいんじゃないです。闇が悪いんじゃないんです。何も良

1
この牢獄から
完全に抜け出ます
シンプルに
2
牢獄の扉を開け放ち
光を放ちながら
外へ出てください
3
鍵を掛けて
もう牢獄へは
戻らない
牢獄
4
新しい時空間へ

いも悪いもないんです。ただ、あなたは、元々が光の存在なので、光に向かって拡大していく、ただそれだけ。それにしっかりと意識を置いておいてください。

さあ、これからテリーさんと恵子さんと僕のアシュタールのチャネリングになるのかな。ちょっとよく理解していないんですけど、いつも理解してないのね。いつもその場に立たないと、何を話すかも全然決めてないんですけど、多分そんなふうになるのではないかと思います。

今、アシュタールも僕を通して話したくてうずうずしてるので、本当にちょびっとだけ貸します（笑）。本当に言っておかないとだめなんだってば。じゃないと、ある時に抜けきらなくって、自分が自分じゃないみたいになって、もう二度とやらないと思ったことがあったわけ。だから、ちゃんと言っておくのよ。ちょびっとだよ、ちょびっとだよって言っておきます（笑）。

それでは、後でそのアシュタールと皆さんに会えるのを楽しみにしながら、僕のパートはおしまいになります。皆さん、ありがとうございました。

真実の自分／魂の決断を——
3つの魂の炎を活性化し、パワーを無限大に!
宇宙意識と一つになる、原点回帰へ

Part 4

アシュタール × アシュタール × アシュタール

Session 13 アトランティス、レムリアの失敗からのリカバリー

穴口　ここのステージは、これからの90分、私たち一人ひとりがアシュタールのチャネリングをして、皆さんに伝えたいこともあるかもしれないし、何か問いかけたいこともあるかもしれないし、ワークしたいことがあると思うんですね。そんな形で実際に入っていきたいと思うんですけど、まず、その前にテリーさんに去ってもらって、アシュタールを呼びたいので、皆さんもちょっとグラウンディングして、リラックスしてお待ちください。

テリー　私の方、準備整っておりますよ。ちょっと一瞬お待ちください。

私の子供たちよ、美しい祝福が皆さんにありますように。宇宙の愛と光の中からたくさんの祝福が皆さんに用意されております。美しい愛と成長の時です。あなたのハートが宇宙に行き、そこには光があります。美しい光がキラキラキラキラとあなたの周りを照らし

ています。はい、愛の光です。あなたを天使やアセンデッド・マスターたちがいるところに連れていってくれるものです。愛と喜びと平和と調和があるところです。祝福よ。並木さんのお話がすごく素晴らしかったですね。私は、私の声は使わせてもらえるけど、ちょっとだよって言われましたね。でも、ちゃんと話させてあげようと思いますよ。

こんな小さい体のテリーさんを使って、何でアシュタールが表現できるのっていう質問を受けるんですけども、実はテリーさんと決めた儀式っていうのがあるんですよ。ですから、私がアシュタールとしてテリーの体に入る時には、実は合図っていうのがあるんです。

彼女の頭の上にクラウンを置くんですけど、王冠をね。どうですか。何か鳥肌が立つみたいな確認ができる人、います？　分かります？　鳥肌が立つ人、いますよね。その時は、皆さんの頭に王冠を置いてるっていう言い方をするんですね。そういういろいろな合図っていうものを送り合うんですね。

そして、同じ文を何度も何度も繰り返すようにするんです。そうすると、もういいよ、出て行って、テリーって言ってテリーを追い出せるんですよ。面白いですね。本当に祝福です。祝福です。準備できていますか。はい、一緒にやりましょう。

穴口　では、対面で話しましょうよ。今、何が起きたのか、私たちに何が起きたのかを話しましょう。本当に私たちがあなたの心を開いて、そして自分らしくいきましょう。

テリー　素晴らしいことです。

穴口　もうあなたは檻《おり》の中から出たんですよね。

テリー　私はそもそもずっと牢屋から出てますよ。

穴口　自分たちは、もう姿形がないぐらいのエネルギー量があなたの中にあるということを思い出してみてください。何なんでしょう。あなたは、この牢屋から出て、本当に自分を制約してるものがなくなったという状態になっているのです。だとすると、あなたは誰ですか。なぜ、あなたはここにいるんですか。今、この地球上で牢屋から出た状態。あなたは何にでもなれるんですよ。あなたが出ればいいんです。

ということは、あなたが明確な、超明確な決定をすればいいんです。そして、自分の使命を何として生きるか、決めればいいだけなんです。ですから、ぜひ話をしましょう。あなたの地球上の使命について、アシュタールが、アシュタールの光の一団として、そして運命を一緒に、共にしているわけですから、あなた自身が美しい光の存在です。

準備は、よろしいですか。あなたは、自分の魂の光と話をしてください。あなたの魂の光は何と言っているのでしょう。どちらの方向に行きたいですか。あなたの真理は何ですか。今、真実があなたに語りかけています。もう既に、あなたは光だと、愛だと、そしてあなたの運命はあなたが決められるんです。では、どんな光として何を照らしたいですか。どうぞ、あなたの魂と話し合ってください。何でしょう。あなたの魂の決断は。

私の魂の光は、何のためにこの地球上で使うか、私は知っています。そして私は今、私という魂は、この地球と共に光り輝き、そしてどのような光であろうとも私は私であり、あなたは私という世界を育んでいくことを決めました。

これは一つの、恵子さんが使っていた一つの表現です。ですから、彼女が今話をしていたんです。ですから、あなたの魂と本当に話をしてください。どうぞ声を上げて、あなたの声を出してください。それでは、隣の方とぜひ2～3人の方でグループを作っていただき、あなたの魂の光が、あなたの魂の光から話をした時に、どんな決断を今この段階でしましたか。そして、アシュタールの光の一団として、どんな使命を果たすと決めたのか、どうぞお話しください。あなたの魂がこの地球上でどんな光となり、何を照らすのか、お話しください。3分でどうぞ。

穴口 さて、ではどんなふうに光をキラキラさせたいですか。言いたい人、伝えたい人、発信したい人。はい、どうぞ。

参加者 今日はありがとうございます。私の魂の声は、私は愛を再現して、自分の愛を表現していきたいと感じました。ありがとうございます。

穴口 ありがとう。他の人は、どうですか。はい、どうぞ。立ってる方。

参加者 今日はありがとうございました。あの牢獄を出たら光そのものになって、年齢も関係なく、何ができないとか、できるとかそういうの全部制限が取り払われて、できる私だった、在る私だった。そういうことを思い出しながら生きたいと思います。

穴口 おめでとう。もう一人、いきます。

参加者　自分自身の宣言をあえて皆さんに聞いていただきたいなって思ってるんですけど、10年間ずっと治療を受けてきて、やっと今月で治療が終わったんです、10年のいろいろ。それがすごく大変で、やっと抜けたので、魂の声を聞いた時に、本当に次のステージっていうのが、今アニマルコミュニケーションとかヒーリングの勉強をしているんですけれど、そういうふうに人間とか動物とか垣根を越えて、みんなの声を通訳したりとか、愛で包み込む社会にしていくのが趣味だと思っていて、その宣言をあえてここでみんなに。

穴口　おめでとう。そうなりました。もう既にそうなった世界の中のタイムラインに生きています。おめでとう。ありがとう。おめでとう。そうなった。そうなりました。もう一人どうぞ。

参加者　今日は、ありがとうございます。前もヒーラーを通して活動している時は、自分は光の存在なんだと思って、光を広める活動をするんだと思ってたんですけど、先日の穴口さんのセミナーを受けて過去のことを思い出したら、破壊のプロセスを手伝っていた方だったんですね。それに気付いて、また今生でもそういう破壊のプロセスの手伝いをしないといけないのかなとか思ったんですけど、先ほど自分で決められるとおっしゃっていたので、今生はちゃんと創造のプロセスを歩み、愛と光の人生を歩んでいきたいと思いました。ありがとうございました。

穴口　ブラボー。最高。おめでとう。さあ、並木さんのアシュタール、喉を貸して。大丈夫ですか？

並木　大丈夫ですよ。皆さんの宣言を聞いていたんですよ（笑）。

テリー　今、すごい静かでいらっしゃいましたね。

並木　そうです。僕は今、アシュタールのエネルギーを感じながら、ここで皆さんの、オーラを視てるんですよね。そうすると、さっきから話している間に、ポンポンポンポン、オーラの中からいろいろなものが弾《はじ》けてくるんですね。何が弾けてるかっていうと、これ皆さんが手放すべき、あえて、べき、っていうと、手放すべきネガティブなエネルギーが皆さんの波動が上がっていくことでポンポン外れていってるんですよ。そういうことが起きてるんですよね。

だから、こうやって真実の自分に向かって表現を始めること、それについて話し合うことってすごいパワフルなんだなって思って見ていたので、だから、僕がアシュタールをチャネリングするってことをちょっと忘れてたんですけど（笑）。じゃあ、少しお話をさせていただいて、いいでしょうか。

さあ、これからお話を始めたいと思います。私（アシュタール）が彼（並木）を通して話すのは、2度目になります。彼はなかなか声帯を譲ってくれないので、私がこうして皆さんと直接お話しすることには限りがあるということを最初にお話ししなければなりません。彼は、過去生においてチャネラーとしての人生を生きていた時は、フルトランスのチャネリングもしていました。しかしながら、その入ってきた存在に彼の過去を暴露されたり、彼のあまり話していない、そして知られたくないと思うことを話されたり、そうした嫌な記憶がトラウマとなり、こうして他の存在に声帯を貸すということを彼はやめる、と固く誓ったのです。

しかしながら、このご時世、そうも言っていられないのです。あなた方は、今、先ほど行ったように牢獄を抜け、そしてこの新たな自分の生き方へとシフトしていく時を迎えているので、我々の声をできるだけ多く、たくさんの人に届ける必要があります。あなた方はこうして自分の使命を思い出し、自分の光を思い出し、そして新たな生き方へとシフトしていくことになるのです。

これほどエキサイティングな時は、いまだかつてこの地球は迎えたことがないんですよ。あなた方が肉体を持ったままこの意識へ戻っていくということは、いまだかつて起きたことがないのですよ。それに気付いてほしい。あなた方は今、類い稀《まれ》なる時期をこの地上で肉体を持ち、そしてその時を迎えるという光栄な機会をあなた方は受け取っているのだということを、しっかりと自覚してほしい。

何度失敗してきたことか。あなた方がこのシフトを、この地球において失敗してきた記憶を持っている者もこの中にはいるでしょう。どれだけ失敗してきたことか、また失敗するのか。滑稽だと思ってほしいのですよ。我々は、あなた方に何度も何度も呼びかけてきました。この地上で目醒めるタイミングを迎えていますよ。この地上でそろそろ目を醒ますタイミングを迎えていますよ。

あなた方は、最初は耳を傾けた。でも、あなた方がいざ目を醒まそうとすると、さっき言った牢獄を抜けようとすると、もう一度その牢獄に戻っていくというこの動きがレムリア大陸を沈めたんだよ。アトランティス大陸を沈めたのだよ。あなた方は、その時の失敗を胸に抱き、もう二度とその失敗はすまいと、何生も何生も輪廻転生を重ねながら、今このタイミングへとやってきたのだよ。

　であれば、その準備を通して今あなたがここにいることにしっかりと意識を向け、そして、もういい加減目を醒まそう。そして、過去の失敗は二度と繰り返すまいと心に誓ってきたあなた方は、しっかりと目醒めに向けて覚悟を決める時を迎えている。そのことをもう一度ここで、強く強調したいと思う。もちろん、あなた方は自由意思を持っている。つまり、目を醒まそうと醒ますまいとどちらでもいい。それは、創造主が許しているのだから、構わないんだよ。あなたが目を醒まそうと、醒ますまいと、どちらもあなたであり、あなたでないことはない。創造主は、それをも全て許し、無条件の愛をあなた方に注いでいる。

　しかしながら、あなた方はもう十分にこの惨めな体験も、罪悪感を持つという体験も、無価値観から自信を失い、自暴自棄になり、時には自ら命を失うという経験も、そして奪い、奪われるという摩擦のエネルギーから戦争までを起こし、そして命のやり取りを経験する中、大切なものを失うという悲しい悲しい体験も十分にしてきている。

　もうこのやり方を終えて、真の平和へと向かっていく時を迎えているこの地球で、あなた方がそれを先導していくリーダーになってほしいと我々は願っている。こうして我々の言葉に耳を傾けに来るあなた方は、そのリーダーとしての役割を担うためにここにいる。

つまり、あなた方は自分の意思で目を醒まし、先へ先へと行くことで、あの北極星のように周りの光となって、たくさんの人たちをこの目醒めへと導いていくというリーダーの役割を果たしたいと。こうしてあなた方は、この地上に肉体を持って生まれてきたのだという、この約束をぜひ思い出していただきたいと思う。

どうだろう。今、こうして話を聞いていて、あなたの深いところが動かないかな？　こうして話を聞いていて、あなたの深いところにこの思いは届かないかな？　もし、あなた方の中にこの声が届いたなら、ぜひあなた方の生き方を変えてほしい。スピリチュアルな知識を学び、ワークをしても、あなた方が生き方を変えない限りは、変わることはない。

今、このエキサイティングな時代、楽しみながらあなた方がまず目を醒まし、その先へ、その先へと行きなさい。そして、目を醒ましたその先は、こんなに楽しいのだということをあなた方の身をもって体現しなさい。

我々は、あなた方をサポートする準備ができている。そして、この地であなた方と再会できることを心待ちにしている。こうした機会を得られるのは、我々にとっても無上の喜びであるということを知ってほしい。今この会場を我々の宇宙船、つまりスペースシップのエネルギーが包み込んでいるのを感じてほしい。

あなた方は、こうしたイベントを通して、着実に波動を上げ、本来の意識へと戻ろうとしている。どんどんどんどん自分の意識へと向かおうとしている。あなた方の勇気、あなた方の行動力に我々は敬意を表したい。ありがとう。

穴口　さあ、それを受け取ったあなたがいよいよこの宇宙レベルの意識、その集合意識とコンタクトを取る時が来たのです。今聞いたように、あなたが既に真実の道を歩む者として与えられている様々な数々の扉の一つが、今開かれています。その扉の一つというのは、この宇宙の集合意識の中の私たちが return to one、一つに戻る。全てと一つであるという、その原点へ回帰するその集合意識が開かれているのを感じ取ってみてほしい。

どうか、あなた自身が今、あなたの頭上に大きな光の雲が降ろされているのを感じ取って、そして、その中心からは大きな光が扉のように自動的に開いてるような、渦のように見えるその扉です。どうか、あなたがその開かれた扉と共に、いよいよ地球人、このトラウマや様々な二元性を持った地球人レベルの集合意識とはお別れを告げ、いよいよこの宇宙意識レベルの原点の源に回帰する、そのあなた自身のそのつながりを持って、その権利が与えられていることに気付いてください。

そして、だからこそ今、開かれたこの扉からあなた自らがアプローチできるのです。それは、あなたの意思決定、あなたの自由意思をもって可能なわけなので、どうか今開かれたこの宇宙意識と一つとなったその周波数を今受け取る覚悟を決められた方々は、覚悟を決めて、この宇宙レベル、意識、宇宙意識と一つとなったあなたの独自のクリエイティブな無限の可能性のある創造力を使いながら、この地球上であなたの魂の光を放つこと、それを決めて、それをしたいならば、今そうしてください。

ただ、それはあなた自らがそう決めるということをするだけでいいのです。このような形で、私は自らの自由意思をもって、宇宙意識と一つとなって、私自身の原点回帰をします。そして、今その集合意識と大いにつながって、共同創造します。このような言葉で、あなた自らの伝えたい言葉で交信してみてください。

そして、もちろんのこと、それを必要としていないと感じる方は、する必要はないということを決めたままでこのフェス、このアシュタールフェスの中でいてください。これは、全ての人に与えられた権利の中で、今日オープンされたものです。どうか、これは30秒ぐらいで終わるので、あなたが決め、そしてあなた自身が受け取るならば、つながっていくならば、そう決めてみてください。

そして、面白いことに、それを受けようが受けまいが、受け取ろうが受け取るまいが、あなたはあなたであることに変わりのない真実があることに気付いてください。だからこそ、今まさに私たちがこの人間界との共同創造の中で、このアシュタールフェスというものは、様々な可能性の扉を開きながら、あなたが最もフィットし、あなた自らが決めるというその道筋が体験される、そのような枠組みに、チャンスとなっているのです。どうか、今それを感じ取ってみてください。

そして、あなたのその大いなる自由意思の下でそれを尊重し、あなた自身の真実の下で決断を下す、そのプロセスを始めてください。

大いなる祝福をあなたの元に。

Session 14
戻らなくていいんです。どうぞ、その牢屋を閉める時の鍵を使ってください！

テリー　皆さん、気付いてください。重要なのは、手放すということです。あなたは見て、認識することができるんです。過去を、自分が通ってきた闇を見ることができるんです。あなたが達成したこと、もうそんなに誇りに思えないような過去というのもあったでしょう。その美しい意識の中には、痛みがあったということを認識できるでしょう。どうぞ、痛みから逃げ出してください。記憶から出ていいのです。自分自身の細胞を許して、その痛みを出していいのです。そして、それはあなた自身ではないのです。あなたたち一人ひとりの中にある痛みを取り出していいのです。

あなたは、光なのです。そして、あなたは愛なのです。昨日は、終わったのです。戻る必要はありません。昨日は、終わりました。もう、あなたの真実ではもはやありません。あなたの真実は、今なのです。あなたの叡智は、今なのです。今の光は、今のあなたは、今の光は今なのです。どうぞ、今を生きてください。そして、今やっていることが嫌ならば、変えればいいだけなのです。あなたは、あなたの運命をコントロールできるのです。

　何が自分の人生で欲しいですか。何があなたにとって重要ですか。どうぞ、その牢屋を閉める時の鍵を使ってください。その鍵を握ってるのは、あなたなんです。あなたの鍵なんです。今、人生で起きていることが嫌ならば、変えればいいのです。変えればいいのです。誰もあなたに鎖をつけていません。誰もあなたをコントロールしていません。あなたが許していない限り、あなたはパワフルなんです。

　昨日を見て、5分前を見て、あんまり良くなかったなと思うなら、戻らなくていいんです。手放してください。この今生でいろんなことがありましたでしょ。やりましたでしょ。そうしてみて、何であんなことしちゃったんだろう、そこでそんな感じ持ってる人、いるね。見えるよ。そっち側もね。そこでもね。誰もがやってることです。多分一人残らず、一人残らず秘密がない人なんていないでしょ。必ずあるもんですよ。

　ここで、もう絶対やらないって言ってますよ。なぜならば、私もはっきりもの言いますからね。このテリーさんは、秘密なんて持てないんですよ。もう全部テリーの経験談なんていつも暴露してますから。前の旦那の話とかね。そうですよ。かわいそうな人だね。だってて、もうほら契約しちゃったから。ここで、契約っていうふうにサインしてありましたから。使われちゃうんです。

さあ、皆さん、自分自身を見て、そしてステージの我々を見て、確かにすごいね、すごい人たちですよ。確かにすごい人たちかもしれません。私もすごいよ。パワフルです。でも、あなたも同じぐらいパワフルなんですよ。ですから、昨日に生きるのをやめなさい。そして、鍵を使って、鍵をかけて、そして光を引き出すんです。だって、受け取ったじゃないですか、鍵を。受け取ったじゃないですか。非常に強い光を受け取ったじゃないですか。松果体はもう目覚め、ちゃんと覚醒しています。

もし、あなたが幸せでないのなら、変えなさい。そして、その細胞を揺らしてなくせばいいんです。そして、今から行きなさい。今、行きなさい。そして、そのドアから出て行ったら、要らないものは、この部屋に残していけばいいんだ。私がちゃんと掃除しておくよ。ちゃんとやるよ。ものすごいでっかい掃除機で吸い取るからね。ブラックホールをぴゅーってやれば、綺麗に片付けられるからね。いいね。

ということで、自分の力を外にあげちゃってるんですよ、皆さん。分かりますか。自分のパワーをあげちゃってるの。諦めちゃってるの。それって本当に自分にとって良いこと？　あなたは、パワフルなんですよ。ですから、どうぞそのパワーを本当に使って、そして真実の愛を生きてください。自分の知恵を自分のものにしてください。あなたらしくあってください。あなたは美しいのです。そして、全部要らないものは捨ててください。

そして、もう二度とそこを思い出さないでください。変えればいいだけです。やりたくないなら、やらなければいいんです。もうどんどんどんどん光に上がっていけばいいんです。あなたは自分を上げて、引き上げていけばいいんです。自分が、あなたが今度は守護となり、精霊となり、周りを引き上げていく存在になっていけばいいだけなんです。できるんですよ。一人ひとり、全員が。

もし、いや、アシュタール、できないよなんていうなら、ちょっと個人セッションしましょう。なぜならば、ちゃんと気付いてるよ。あなたが美しいということを。祝福よ。

本当に素晴らしいですね。

Session 15 ブラックホール、ホワイトホールを使って、他人に与えていたエネルギー全てを取り戻す！

並木　では、譲り受けよう。タイミングもあるんだよ。何事も。何事もタイミングが重要。

さあ、このチャネルを通して話す次の話は、あなた方が多くのエネルギーを他人に預けている、自分のパワフルなエネルギーを他人に預けてしまっているということについてだ。あなた方は、いつの時代も自分以外に力を明け渡すということに慣れ親しんできた。あの人が怖い。このことが怖い。あれが不安だ。これが不安だ。そうやって、あなた方は、自分のパワフルなエネルギーを他へと預けてきたのだよ。今もそうではないかな。家族に、パートナーに、上司に、友人に、またはティーチャーと呼ばれる者に、あなた方は自分の波動、自分のパワーを預けていることに気付いているだろうか。

これから私があなた方に向けて行いたいワークは、この自分の中に取り入れてしまっている他人のエネルギーを外し、そしてまた、あなた方が他人に預けてしまっているエネルギーを取り戻すというもの。あなた方は、自分の力を自分だけに所有する必要がある。アセンションのプロセスにおいて、このプロセスはとても大事なポイントになる。たとえ、愛する者がいたとしても、その愛する者のエネルギーをあなたの波動場の中に取り入れてしまっていては、アセンションすることはできない。あなたは、あなたの力、あなたのエネルギーだけを持って、アセンションというシフトを完了する。つまり、あなたの波動を自分でしっかりとクリアに保ち、その先へと行くことが求められているのだ。

さあ、では、あなたの周りが宇宙空間になっているのを想像してごらん。あなたの周りが宇宙空間になっているのを想像して。そして、あなたの前後、そして左右にブラックホールがあるのを見てごらん。ブラックホール、聞いたことがあるね。銀河の中心のようにぐるぐると渦を巻き、その中心がブラックホールになっている、そんなふうにイメージしても構わない。あなたの前、後ろ、左、右、そこに4つの渦巻くブラックホールがあるのを見てごらん。

そして、このブラックホールの先には何があるか知っているかな。ブラックホールの先には、ホワイトホールが存在する。ブラックホールは全てを吸い込む力、そしてホワイトホールはその吸い込んだものを吐き出す力。この表裏一体のエネルギーがこの宇宙には存在する。このエネルギーを使って、あなた方の波動場をクリアにしよう。

では、自分に意識を向けて。そして、自分の中にあるネガティブなエネルギー、今まで他人から吸収してしまったかもしれないエネルギー、それらをまっ黒い煙でイメージしてごらん。そして、息を大きく吐きながら、そのエネルギーがこの4方向のブラックホールに全て吸い込まれていきながら、ホワイトホールへと吐き出されるのをイメージする。

さあ、もしまだあなたの波動場の中にそのネガティブなエネルギーが残っていると感じるのであれば、もう一度大きく息を吸い、そして吐き出す。

さあ、あなたの波動場が綺麗になったかな。そうしたら、今度はこのブラックホールとホワイトホールを反対に変えてみるんだ。つまり、あなたの方にホワイトホールが向き、あなたと反対側にブラックホールが向いている。分かるかな。前後、左右のホワイトホールが自分の方を向いているように設定されるのを見てごらん。そして、今まであなたが他人に与えていたエネルギーを全て取り戻す。そのように意図して、息を大きく吸いながら四方八方からエネルギーが戻ってくるのを感じてごらん。そして、このブラックホールを通過してホワイトホールを出てくる時には、完全にクリアなエネルギーとなってあなたに戻ってくる。さあ、始めてごらん。

今まであなた方は、たくさんのエネルギーを他に与えているので、まだまだ戻ってきている。さあ、呼吸を通して自分のエネルギーをもっと取り戻すんだ。ブラックホールを通り抜け、ホワイトホールから吐き出されるエネルギーは、完全にクリアなエネルギーになっている。

さあ、あなた方のエネルギーをクリアにすることがどれだけ大事かが分かるかな。あなたのエネルギーは、あなただけのものである。あなたのエネルギーを誰かに譲り渡してしまってはならない。あなたの力を他人に明け渡してしまってはならない。あなたこそが創造主であり、あなたがこの人生の主人公である。つまり、あなたが最も力を備えていて然《しか》るべきなのだ。誰かに自分の力を預ける時、あなたはこの人生で自分の創造力を自ら放棄することになる。

あなたは、創造主として自分がクリエイトしたいものを存分にこの次元に表現するためにやって来たことをもう一度思い出してほしい。あなたは、クリエイターなのだよ。あなたは、創造主なのだよ。この次元で、あなた方の天国を創造しなさい。あなた方の天国を創り出しなさい。あなた方の天国を生きなさい。これが宇宙の進化に大きく大きく貢献することを知りなさい。あなた方がこうしたいと思ってできないことはない。なりたいと思ってなれないことはない。やりたいと思ってやれないことなど一つもないのだよ。これからあなた方は、この創造主としての力を思い出すことになる。

Session 15
ブラックホール、ホワイトホールを使って、他人に与えていたエネルギー全てを取り戻す！

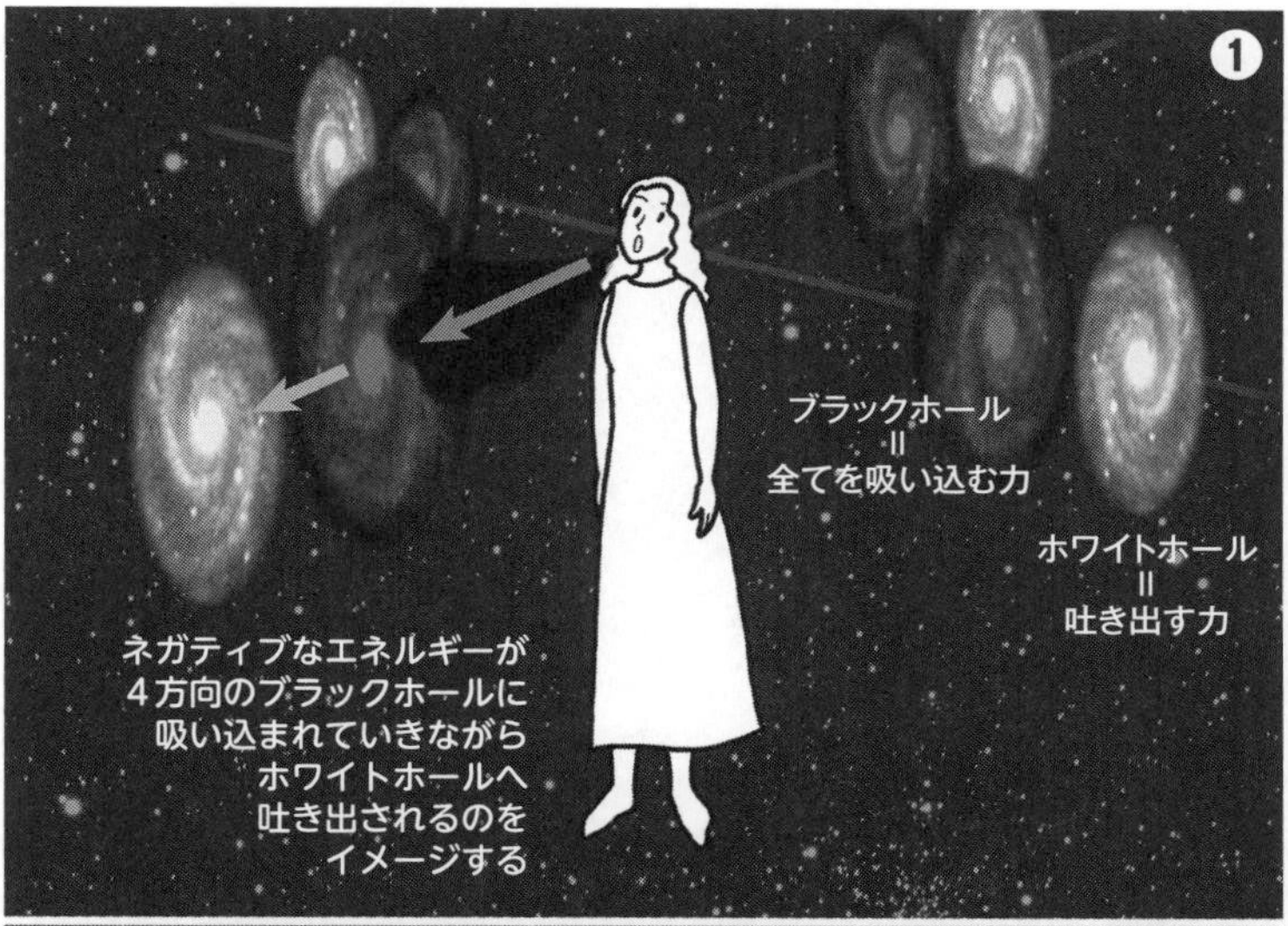

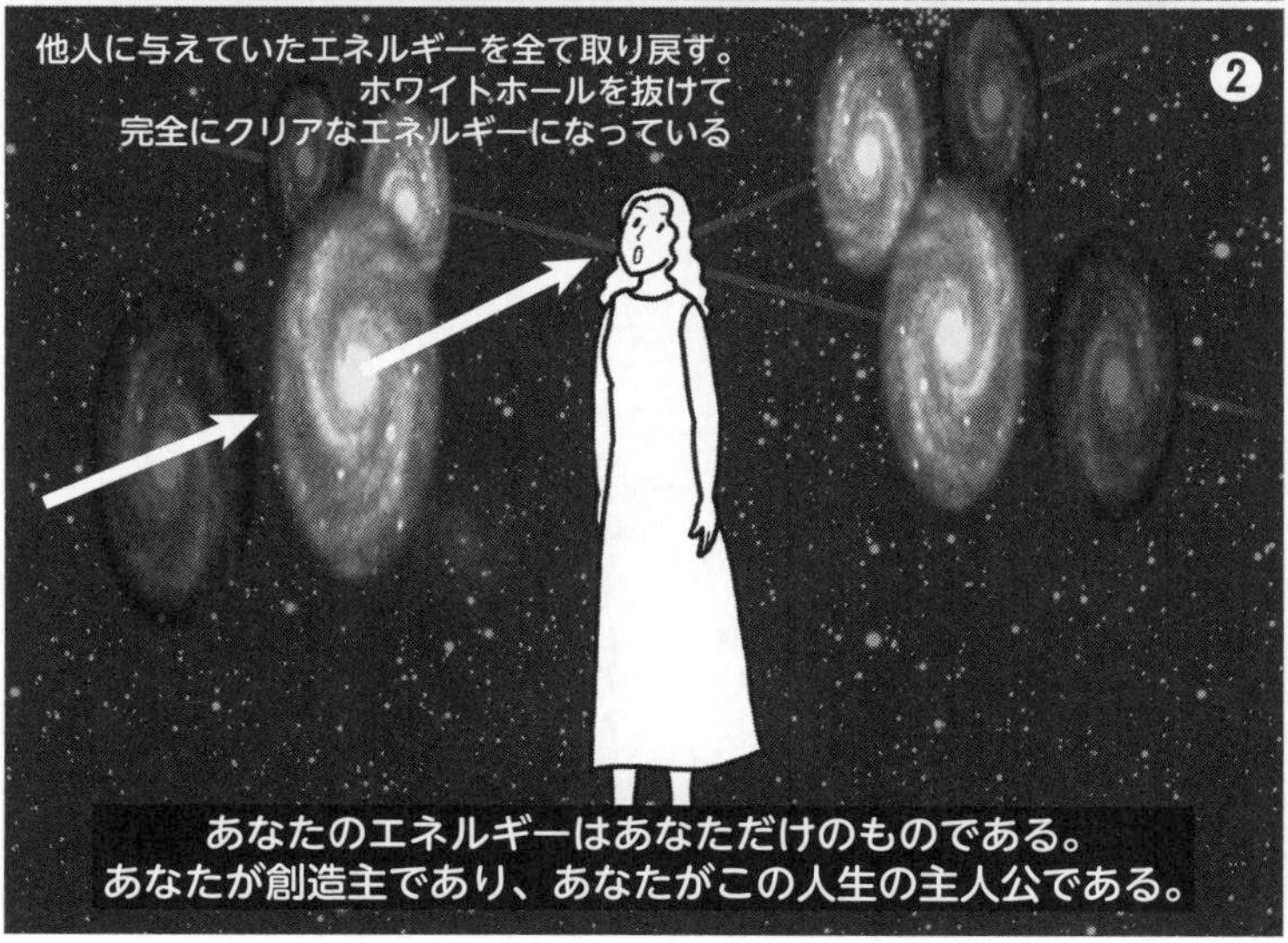

そろそろ彼は疲れてきているね。彼が落ち着かなくなってきてることを知っている。彼は本当にこの人生では、この役をやりたくないのだということは、私は今日を通してよく分かった。他の存在は、彼を通して話すことになるかもしれないが、おそらく私はもう彼を通しては話さないだろう。ということで、皆さん、ごきげんよう。

テリー　いやいや、許可をもらった時だけは声帯は使わせてもらうよ。使いますよ。でも、Ｙｅｓって言った時だけだからね。君はパワフルだね。とってもよくできましたよ。

Session 16 ソウルフレイムアクティベーション

穴口　恵子がなぜオープンチャネラーかというと、恵子は通訳をしたことがあり、通訳のやり方もそれぞれいろいろあるみたいなんですね。恵子は通訳で本当にその周波数をキャッチして言葉にするというトレーニングを受けてきて、だからこそ、オープンチャネラーになることで、ますます元気になるのが恵子の特徴だって言ってるんですね。

さあ、引き続きあなたのピュアなその美しきあなただけのエネルギーに満ちたあなたを、もう一度深いところで感じてください。さあ、深い呼吸をしながら、あなた自身が他者のエネルギーやそれ以外のもの、あなた以外のピュアなエネルギー以外のものが取り除かれた今、あなたの感覚、その身体感覚を十分にアンカーすることで、あなたがこれ以降、他者にパワーを委ねそうになっているか、あるいは委ねてしまったかが即座に分かることでしょう。どうか、まず今、あなたのピュアなそのエネルギー体になっているあなたを十分に感じ、全身でその振動数を味わってみてください。

さあ、深い呼吸で、そのピュアなあなたのそのパワフルなエナジーそのものがあなたの元に完全に返されていることを感じ、今一度、我は我なり、あるいは私は私であるということを、あなたの体に向けて、エネルギー体に向けて唱えてみてください。

そして、さらに今日は、このアシュタールフェスという史上初、地球史上初の会がもたらされたこの祝福の中で、あなた方に再びあなたがかつて源から忘れることなく持ってきた3つの美しきフレイムがあります。炎です。それは、全ての存在に与えられ、それを使うも使わないも、その人次第であることを約束され、この地球上のさまざまな転生を経て、あなた方はその種火を持ちながら十分に使いこなすことをしていなかった3つのフレイムです。

それに今点火することを許可したならば、私たちのこの母船の中にソウルフレイムアクティベーションというその部屋があります。その部屋の振動数へとシフトしていき、それを今望まない者においては、今の場に留まりながら行っていくので、まずは、あなた自身の魂の真実において、あなたが源より持ち続けてきた3つの魂の炎を活性化し、自らのパワーをさらに無限に広げていくというその可能性を手にする者は、今それを決めてください。

さあ、深い呼吸で、あなたの魂に問うてみてください。あなたの魂がＹｅｓでない限り、そのようなことは起こらないのです。全てはあなたの自由意思とあなたの決断によって、私たちは共同創造し続けています。

さあ、これよりあなた自身が決めたなら、さらにソウルフレイムアクティベーションのその母船の空間へと誘っていきます。あなたがそこに座ったままでその振動が降りてきます。その振動数の空間が降りてくるのを許可します。許可してください。

深い呼吸をして、あなたの魂の領域に意識を向けながら、足の裏をぴったりと床につけ、あなたのオーラの状態は十分に健全な境界線を持っていると感じるレベル、それはあなたの体から片手幅辺りでそうなっているようです。どうか、深い呼吸をしながら3つのソウルフレイム、その一つは無条件の愛のフレイムです。人によって色は違いますが、どのような色にあなたの魂はキャッチし、どのような色に見えていますか。その色があなたにとっての神聖な愛の、無条件の愛のフレイムです。

ピンク紫やピンクゴールドと思う者もいれば、全く違う色が浮かぶ者もいる。あなたがあなたの魂で純粋にキャッチしているそのバイブレーション、そして今フォーカスされている部分を見てください。さあ、そのフレイムは今、私の手から放たれていくそのソウルフレイムの中のディバインラブ、聖なる、神聖な愛の光線によって点火されていきます。この時、どうか深い呼吸をして、あなたの中にあったその火種が広がっていくことを許可してください。

さあ、歓迎してください。あなたが源より持ち続けてきたディバインラブ、聖なる愛の火種がさらに広がり始めています。さあ、そして、引き続き2つ目のソウルフレイムの中に聖なるパワー、これは決して誰かを痛めたり、誰かを支配するそのパワーではなく、創造するパワーの一つです。どうか、そのディバインパワーのそのあなたの魂の火種を点火しますから、許可した者は準備を整え、ゆったりと深い呼吸をしながらディバインパワーのこの炎の光の光線が私から送られるのを受け取り、点火されるのを許可してください。ゆったりと深い呼吸で、そうしていきます。

そして、そのディバインパワー、聖なるパワーの火種も小さな火から広がっていくのを感じ、できる限り深い呼吸でハートを開き、リラックスをしながら受け取ってください。

さあ、さらにいきます。この3つ目のフレイム、聖なる叡智。その聖なる叡智のソウルフレイムが、小さな火種が点火される準備ができて、それを受け取る者はハートをさらに開き、深い呼吸を続けてください。私の手からそのディバインウィズダムのその光の光線が、あなたの魂のその火種に届けられ、活性化し、広がっていきます。さあ、ゆったり深い呼吸でハートを開き、この3つの神聖な炎をアクティベートするということは、あなた自身が共同創造主として、あなたならではの美しき天の創造の伝説を創り上げていくものとして、活動が始まるのです。

そして、常にあなたは神聖な自らのパワーを保持することを意識し、あなたのパワーが何かの出来事や人によって奪われそうになる時にも、あなたは即座にこの3つのフレイムが稼働し、気付き、そしてそれをストップし、あなた自身の神聖なパワーを与えることなく、あなたの魂の真実に戻り、何があなたの真実であり、どのようにあなたが決断を下し、行動するかを決定づける手助けをするものです。この3つの聖なる炎は、全ての魂のある存在に与えられ、今日それを許可した者はアクティベートされたのです。

今この3つのこの炎が一つになり、回転し始めます。この炎の回転は、頭上から見て時計回りに回転しています。そして、どんどんと様々な色をなしていたものが、美しいホワイトゴールドのような、ホワイトシルバーがかった、パールがかったようなホワイトゴールドに一つになって見えてきています。しかしながら、あなたがどう見えているか、あなたの振動数を信頼してください。どうか、この振動を今広げていきます。どんどんとその振動を広げながら、魂の領域からさらに全てのチャクラの領域へと、そしてあなたのオーラ中を広げていくこのディバインフレイムが一つになった状態の中に今とどまってみてください。このディバインフレイムが一つになる時に、あなたはこの地球上で天を創造する創造主としての完全なるあなたのクリエイティビティと、そしてあなたの行動する力、そしてあなたのこの地球を愛する力、あなたを愛する力、全てを愛で創造する力を再び復活させることでしょう。

どうか、今一時この統合されたディバインフレイムの中で時を過ごし、あなた自身と語らってください。あなたという創造主は、この地上においてどのような世界、天を創造するのか、その天はあなたの中ではどのように創造され、どのような日常においてその天を創造しているかを、今あなたの内側から思い起こしてみてください。

あなたの中に、既にもう神聖な運命を形づけた、あなたの美しき伝説があるのです。この地上にこのタイミングで転生し、目覚める力と共に自らの確信を持って目覚め、そしてあなたの兄弟、姉妹、この地球上の仲間と共同創造し、女神ガイアと共に、そして同時に大いなるこの宇宙の存在たちとの交信が始まり、共同創造を共に遂げていく、あなたの中のその伝説はどのような伝説なのか、それを今一つキーワードを、あなたの中の伝説のキーワード、あるいはシンボルでも構いません。それをあなたの内側から受け取ってみてください。

地球時間のあと30秒ぐらい、このディバインフレイムが統合された中にあなたのオーラも全てが入っている状態で過ごしてみてください。そして、その中で、あなたの神聖な運命、地球との運命、地球との共同創造体であるあなたがどのような世界を今開いていくかを垣間見てください。

さあ、アンカーされたようですね。それでは、ゆったりとこの広がった3つが一つになったディバインフレイムを再び魂の領域まで戻しましょう。このようにいつでもあなたが必要な時に広げ、あなたの神聖なエネルギーで満ちた中であなたのビジョンをクリエイションし、創造することができます。

さあ、ゆっくりとさらに、このディバインフレイムがあなたの魂の領域に戻り、一つとなったフレイムはそれぞれのフレイムとなって3つに、芯では一つの状態です。既に。そして、3つの炎に分かれた状態で納まっています。

さあ、もう一度、深い呼吸をして目覚めてください。

そして、あなたのペースで目を開けます。少し周りを見渡しながら、あなたのパワフルなその瞳を通して隣の人や周りの人とちょっと目線を合わせて、あなたのそのパワフルな存在を感じてみてください。

Session 17
スーパーヒーロースーツ（白い神様の炎）を着てください！

テリー　隣の人を見てください。そして、言ってください。私は聖なる炎をあなたの中に見ています。あなたの聖なる炎があなたの中に見えていますと言ってあげてください。さあ、今言ってください。

いいですよ。では、目と目を合わせたまま、あなたの中に聖なる神が見えますと、目を合わせたまま言ってください。

では、その人に向かって、私の中にも聖なる神を感じますと相手に伝えてあげてください。どうぞ。

さあ、どれだけ力強いことか、お感じになりましたか、認識するということは、自分の光を、愛を、だって見知らぬ人と今愛を共有できたわけじゃないですか。そんなこと言ったことあります？　聖なる光をあなたの中に感じますなんて、今まで言ったことある人、います？　でも、言いましたよね、今。それだけこの瞑想《めいそう》っていうのは、力強いものであった、そんなことが言える自分になったぐらいすごいことなんです。本当に私たちが見えているものがあなたには見えていないのでしょう。もし、私たちの目をお貸ししたとしたらば、多分自分自身を認知できないでしょうね。

本当の美しさが私たちには見えているんです。本当の光が私たちには見えているんです。私たちには、あなたの宇宙の存在そのものが見えているんです。私は、あなたを見ているんです。それは、とてもパワフルです。今、相手を見ましたよね。見知らぬ人ですよ。彼らの光を見られたんですよ。すごいことじゃないですか。そうなんです。あなたは、パワフルなんです。

会話をしながら、皆さんが気付いていただくこと、大切なんですね。いろいろなトラブルも起きますから、物事はいろんな事態があります。その時に自問自答してください。誰かにこの自分の力を預けちゃうの？　あげちゃうの？って、聞いてください。私のパワーをあげちゃう。そうですよ。だって、あげてきちゃったんですよ。今、ざわざわってしました。そうなんです。ということは、あなたの光もあげてしまってるってことなんです。

これって宇宙の真理まで手離して、他人に預けちゃうってことですからね。そんなふうにあってはならないのです。あなたは、その光、聖なる光であり続けてほしいのです。その3つの三位一体のままであってほしいのです。あなた自身にその光を集めてください。

その宇宙の存在を、ここにです。あなたの心にです。そして、あなたはそれを所有し続けられるんです。既に皆さんはそれをやっていらっしゃるのです。全員です。宇宙です。それがここにあるんです。あなたの心の中に。

考えてみてください。どうやって人生に対応しますか。宇宙は、あなたの人生にどう対処、対応しますか。だって、自分の中にそれだけ神聖な光があるわけですよ。炎があるわけですよ。だって、宇宙の存在がものすごい力強い存在として、あなたの中にあるんですよ。内なる存在として。人生のいろいろな状況に直面したらば、自問自答してください。宇宙だったら、神様だったら、この状況にどう対応するかなと。そうです。

例えば、子どもが悪い点数を取ってきた。神様、どうするかな。はい、皆さんの見えますよ。あなたは、自分の上司が機嫌が悪い時、神様だったらどんなふうに対応しますか。なぜなら、あなたが実は、神様の行動を代理でしている人たちなんですよ。すごいあなた方はパワフルなんです。皆さん、全員がスーパーヒーローなんです。想像してみてくださいよ。美しい神様が真ん中にいるこの白い炎があなたの真ん中、ど真ん中にあるんですよ。パワフルじゃないですか。

こうして神聖なる光、宇宙の存在が自分の中にあるわけです。あなたは道を綺麗にしました。そして、前に進むと決断されました。もう鍵は捨てたんですから、もう戻れないんです。終わっちゃったんですよ。終了。終わり。
じゃあ、これからどうするの。今までやってきたことのほとんどは、習慣だけなんですよ。あなたの人生の対処の仕方って、習慣にすぎないんです。どんな習慣に切り替えたいですか。できるんですよ。21日だけでいいんです。自分の習慣を21日間変えれば、新しい1週間が生まれるんです。

ですから、人生の中で、朝起きて、どうぞスーパーヒーロースーツを着てください。それが白い神様の炎ですよ。それを着てください。そして、自分で自分に聞いてあげてください。今日は何しよう。私は、この世をどうやって良くしよう。動物たち、植物、子ども、自分自身、どうしたら、本当に光を地球に降ろすことができるのか。そして、より良いところを作れるのか。あなたなら、できる。できるんですよ。私だけじゃなくて、あなたもできるんですよ。

でも、信じないと駄目。信じる。信じる。信じる。自分を信じる。自分自身の光を信じる。愛を信じる。自分を信じる。あなたは、美しいのです。自分の人生で嫌な事態が、状況があるなら、本のページをぺらっとめくればいいんです。そして、新しい本、書き出せばいいんです。スーパーヒーローってタイトルにすればいいんです。光の中の神様って書けばいいんですよ。

そして、その神様の手をあなたが持ってるんですよ。そして、新しいやり方を示してくれていますす。その聖なる光を通じて、その光が、これが実はドアなんです。扉なんです。どの扉にあなたはノックをするのですか。そうです。どんな光がその扉の隙間から見えていますか。白ですか。ブルーですか。赤ですか。グリーンですか。黄色ですか。オレンジですか。紫ですか。さあ、あなたのドアから何色の光が出てきてますか。ギーッて開けながら。あなたがスーパーヒーローなんです。あなたが宇宙のメッセンジャー、使者なのです。さあ、どのメッセージをあなたは伝えたいですか。そうなんです。瞑想してください。そして、そのメッセージをしっかりと受け取ってください。

毎朝、そしてどうぞ周りと共有してください。一言でも、一文でも、すごい量でも、あなた次第です。どんなメッセージを今日は伝えますか。そして、どうぞシェアし続けてください。自分のスーパーヒーローの制服を着て、そうです。

何か、この辺の人たち気に入ってくれた人がいますね。何かね、Tシャツ作り始めているのが見えましたよ。スーパーヒーロー。いいですね。素晴らしい。皆様の光が放たれるという、私たちの目の前で変貌してくださることを目撃するということは、大変光栄なことでした。本当に皆さんがそうしたんですよ。

あのブラックホール、あれはね、すごい勢いで吸い込んでましたよ。全部吸い込んで、そして反対から光が出ていました。どれだけあなたを力強い存在にしてくれたことか。そのおかげで、あなたは賜物を受け取ったのです。ですから、飛び込んでください。

ですから、あなたが信じている道を歩きなさい。あなたが望む道を歩けばいいんです。この部屋の全員が教員なんですよ。あなたがヒーラーなんですよ。あなたがカウンセラーなんですよ。あなたは、何でもできるんです。

あなたを止めているものは、一つのみ。それは、あなたです。そうなんですよ。あなたができないって言ってるだけなんです。あなたが分からないって言ってるだけなんです。あなたが怖いって言ってるだけなんです。私たちがここにいるじゃないですか。アシュタールがいるじゃないですか。

ですから、抜け出す時がきたのです。どうぞ、あの檻から出て、そして鍵を捨ててください。一緒に前進しましょう。そして、より良い世界を創りましょう。

Session 18
自分流を探して、オリジナルを体験してみてください！

並木　いいですか。いいですかというか、もうチャネリングはしないんですけど。ずっと聞いていたらね、アシュタールがこう言うんですよね。なんだ、いつもみたいにしゃべらないじゃないかと。いつも、ペラペラペラペラと立て板に水のように話しているあれはどうしたって言うんですよね。でもね、結局みんな、テリーさんの場合は、フルトランスでチャネリングをする。恵子さんもそうなんですけど、僕も形が違うだけでチャネリングはチャネリングなんですけど、やっぱりみんなそれぞれ自分に合ったやり方が一番いいんだなと再認識しましたね。

これは、何を言っているかというと、皆さんも誰かの真似をするんではなくて、自分流を探してくださいってことです。これをすごく今アシュタールが言ってるんですよね。みんなそれぞれの素晴らしい個性と才能を持っていると。でも、これを発揮していきたいと思った時に、誰かの真似をしていたら、あなたはそれを完全に発揮することはやっぱりできないんですって。なぜなら、型が違うからですって。規格外のものに違うものを埋め込んでも、それって作動しませんよね。それと同じで、皆さんは皆さん独自のやり方、在り方というものをしっかりと見付けていく必要があるって言ってくるんですよね。

今日を機会に、本当に自分の真実の道、自分の真実の道って、進み始めましたよね。ここで、もう誰かの真似をしたり、誰かのやり方を真似るとかっていうやり方ではなく、自分オリジナルのやり方をしっかりと体現していこうって決めてくださいって。

その時に、どうやってそれをやるかってみんな思うでしょ。どうやってやるかって考えちゃ駄目なんですね。考えたらアウトなんです。どうやってやるかは、宇宙に任せてくださ い。あなたが私は自分の才能を生かしていこうって決めたとします。何でもいいです。こういうことをやりたいっていうのがあった時に、私はこれをやるって決めますよね。そしたら、普通はそれをやるにはどうしたらいいだろうって考えますよね。でも、これ考えるんじゃなくて、宇宙に任せちゃってください。

あとは何をするかっていったら、例えばあなたがその自分がやりたいことを実現した時に、どんな気分になるかな、と想像してみます。すごい豊かな気分になる、ワクワクする、楽しい、そんな風に出てきたとしますよね。そしたら、この豊かさやワクワクや楽しさっていうのを今可能な範囲でやってみるんです。つまり、今ワクワクできること、今豊かだって感じられること、今楽しいと感じることをやると、この自分がやりたいなって思っていることにチューニングすることになります。つまり、あなたの周波数が、望む現実にマッチし始めるんですよ。

そうすると、あなたはそれそのものになって、いつも言っているフィルムになります。あなたの周波数がそれを映し出すフィルムになって、現実にあなたがやりたいと思っていたことがちゃんと映し出されるんですよね。

だから、方法はその都度、あなたが楽しい、ワクワクする、喜びを感じる、豊かさを感じることをやっていると、自然と示されることになります。だって、どんどんあなたが自分のハイヤーセルフという本質に一致していくから、直感でメッセージがいっぱい降ってくるからです。

例えば、あの人に電話してみようとか、あそこに行ってみようとか、また向こうからそれやらない？っていうふうに誘われたり、いろいろな形で情報も何もかもがピタピタってはまってくることになります。それを辿《たど》っていったら、自然にそのやりたいことに行き着いていたってことになるので。本当に簡単なので、やり方は宇宙に任せて、ただあなたはやりたいことだけ決めてください。これが一番簡単な方法なので、皆さん、ぜひやってみてください。アシュタールがそれをすごく望んでいます。

これからは、感性の時代になるって。だから、この感性をいかに発揮していくかがすごく重要になるよって。そして、それがあなた方の生きる力になるだろうって言ってきています。

穴口　さあ、どんな形であったとしても、アシュタールの言葉を代弁した並木さんに感謝します。今言ってるのは、アシュタールの通訳をやってたんだ？

並木　はい。

穴口　そういう形で、それぞれの形でこの3人が皆さんのこのアシュタールフェスを創り上げた、創れたっていうことをアシュタールがすごく喜んでいて、いよいよこの1時間の休憩後には、本当に皆さんとディスカッションするような、質疑応答の時間になります。

13時から集って、いろいろな情報とワークも受け取った中、あなた自身がどんなことをアシュタールたちと、話し合いたいか。もちろん、質問でもいいんですよ。そういうことを何か感じたり、考えたりする1時間にしていただき、そしてぜひここに集った周りにいる方、今日初めて会った方々とも、ぜひディスカッション、交信を始めてください。私、ここがすごい気分こうだったわとかね、そういったことが、実はあなたの創造のプロセスなんです。決めて、感じて、行動して、形にしていくプロセスがもう既に始まるんですね。ぜひ、そうしていただけたらなと思います。

テリー　ちょっとテリーさん戻しても大丈夫ですか。

並木　もちろん、もちろん。

穴口　もう戻ってもらっていいよね。それで、テリーさんがちょっとだけ話す。じゃあ、ちょっと皆さんグラウンディングして、リラックスしてください。

テリー　リラックスだけしてください。テリー、戻しますね。ちょっとお待ちください。アンダンテ、皆様。

穴口　テリーさん、お帰りなさい。

テリー 今、一生懸命戻したんですけども、だいぶ上まで今日は上がっちゃってたんでね、ですから、いつもよりも時間かかっちゃいましたね。戻ってくるのに。皆様、楽しんでいただけていたら、幸いです。本当に素晴らしい機会をいただきました。

穴口 良かったです。ありがとう、テリー。休憩時間中も並木さんの本とか、私の本とか、テリーさんの本もあって、ピンとくるのがきっとあると思うんですね。ぜひ手に取って見てください。私がおすすめしたいのは、『ワンネスを生きる』という本、もう亡くなった私の師匠のアモラ・クァン・インさんというチャネラーが書かれた本が今日の皆さんにすごくいいかなと思います。あとテリーさんの本は、愛ですね。愛の本があるんですね。並木さんの本は、やっぱり、なんだみんな神様だって、そういう本ってなかった？

並木 『みんな誰もが神様だった』。

穴口 そうそう、『みんな誰もが神様だった』。今日にぴったりくるから、もしよかったら、お求めください。

司会　あともう一つ、ありますよね。恵子さんのおすすめの本は。

穴口　宇宙の瞑想の『ワンネスを生きる』。

司会　メッセージを一つひとつ違うものを。

穴口　そうですね。それで、本を買われた方にはですね、私がシャスタで撮ったすごいピンクの光が降りている写真、それがついてくるそうです。

司会　それに恵子さんが一つひとつメッセージを。

穴口　メッセージ、そうなんです。いっぱいメッセージ書いたんで、ぴったりくるのがあると思います。

司会　一つひとつ違うもの、もしかしたら今完全に戻った自分に対して、何か働きかけがあるカードかもしれませんね。それも感性を震わす一つにしてもらえれば、嬉しいなと思います。

穴口　はい、どうもありがとうございました。では、のちほど次のセッションで会いましょう。ありがとうございました。

魂が待ち望んでいた
本当の人生のスタート台へ!
「アシュフェスの周波数」を日々体感しながら
自分軸/自分に力を取り戻していきましょう

Part
5

アセンデッド・マスター & アシュタールとのディスカッション

Session 19 愛、痛み、インナーチャイルドを抱きしめて！

穴口　これからの90分というのは、皆さんとアセンデッド・マスターのディスカッションのような、そんな流れにしていきたいと思います。休憩の時に並木さんともいろいろ話していて、実は並木さんにも私にもアシュタール以外のアセンデッド・マスター、アシュタールと一緒に働きをしている存在たちも来ているので、このコーナーではいろいろなアセンデッド・マスターも呼びながら話していきたいなと思っています。

またテリーさんがいなくなって、アシュタールを呼びますので、少し皆さんもグラウンディングして、この場をホールドしてあげてください。

テリー　どうもありがとうございます。失礼いたします。

素晴らしい祝福が皆様にありますように。愛する可愛い子よ。そして、愛と光の領域からたくさんの祝福が皆様にありますように。美しい愛と成長の時がやってまいりました。

あなたのハートが宇宙に、そしてそこには光が、美しい光があなたの周りをキラキラとあなたの周りを照らしています。本当に美しい愛の光です。あなたを、天使やアセンデッド・マスターがいるところまであなたを引き上げていきます。愛、喜び、調和、平和があるところです。皆様に祝福を。

穴口　ありがとう。ようこそ。お帰り。戻りましたよ。

では、このコーナーは、本当にアセンデッド・マスターと皆さんとのディスカッションになったり、ただ質問をされて答えるというコーナーというよりは、やりとりが発生するかなと思うんですね。そういうやりとりを本当にやっていきたいなと思われる方、質問のある方、手を挙げてください。1人目は、あの後ろの方ですね。ちょっと立っておいてくださいね。では、お名前からどうぞ。

参加者　Ｅ・Ｏと申します。

穴口　はい、Ｅさん、ようこそ。

参加者　今日この会に出られて、本当に嬉しいです。私もスピリチュアルリーダーとして、まだ今はとどまってはないんですけれども、アシュタールたちとの約束を守れるように頑張りたいと本当に強く思いました。

質問したいことが大きく分けて2つあって、愛についてと傷付くっていうことについてお伺いしたいです。私自身がこれが愛だと思い込んでることと、本当の愛はやっぱり違うから、ものすごくみんなも苦しんでいるように思っていて、私が本当に愛だと信じてきたことが、それがコントロールだよ、って言われて、そうなんだろうなと思うんですけど。自分の中でコントロール的な愛と本当の真実の愛が、今はまだ頭で考えてしまっているので見分けがつかない。これから本当に地球を子どもとして大事にして、変えるところは変えていくという時に、そういうコントロールとそうでないところの、指針となるような考え方があったら教えていただきたい。

これが1点と、あと、傷付くというところで、それは愛と深く関わっていると思うんですけども、でも本当の意味で傷付くということは、傷付けられるのではなくて、自分で自分を傷付けているんだとは思うんですけれども。本当に愛に目覚めた時は、傷付けられたり、傷付くこともなくなって、加害者も被害者もないということであると思うんですけども、先ほどアシュタールが言ってくれた、もし何か嫌なことがあってもパって切り替えたらいいよっておっしゃっていて、それを本当に実践していこうと思うんですけど、何か私の場合、やっぱり人に虐げられるようなことをされたりしたら、それを考えてしまったり、何を私は感じたんだろうとかってよく考え込んじゃうんですけど、それもせずにどんどん切り替えていった方がいいのか。傷付いたのであれば、いったん何が起こったのかも感じた方がいいのか。その2点を教えていただきたいです。

穴口　どなたからでもいいんですが。

テリー　では、私の方から。このアシュタール、私話すの大好きなんでね。チャンスさえいただければ、ずっと話しますよ。では、いきますよ。

では、愛する子よ。愛とは、素晴らしい質問でございました。本当にありがとうございます。祝福よ。さあ、愛というのは痛みを伴うこともあり得るのです。愛というのは素晴らしいものでもあり得ますが、愛というのは美しくもあり、愛は孤独でもあり得るのです。虚《むな》しさでもあり得るのです。悲しさでもあり得るのです。愛というのはいろいろなレベルで起こり得るのです。ですから、過去は捨てて切り替えなんて言うのは簡単ですが、言うは易《やす》し行うは難《かた》しなのです。必ずしも痛みを感じるということをしなくてもいいです。しかし、認識する。ちょっと例を示しながらお話ししましょう。

カップルが夫婦になって、長年過ごしてくると、一緒に暮らし、一緒にパワフルに人生を共にし、依存し合いながら生きてきた。そして、一人が他界しました。痛みが起こります。残された者の痛みというのは、これは凄《すさ》まじいものがあるんです。しかし、これはあくまで愛の残り香なのです。確かに痛みはあります。そして、壊れたハートでもあります。しかし、これはその情熱があったよ、という愛を示してくれた足跡でもあるのです。

あなたが関係性を持った時には、そしてたくさんのコントロールがあったとしましょう。もしかしたら、感情的な痛みもあったかもしれません。そして、虐待的なこともあったかもしれません。それを完全にすぐにスイッチオフ、切り替えなんていうことはできにくいのです。しかし、癒やすということはできるのです。そして、非常にパワフルな癒やしを施すことができるのです。どこに痛みのきっかけ、トリガーがあるのかということさえ分かれば、そしてそのスイッチを消してしまえば。

残された者の悲しみというのが非常に強くある時期、喪に服すことになります。これが喪に服すということなんです。それは、その痛みが緩和する、そしてもう一度新たに愛することができるようにしていくための期間なのです。

自分自身の心を誰かに預けてしまったが故に、生まれた痛みというのもあるでしょう。誰かに心を捧げてしまうということは、例えばペットを愛してしまうとか。こういう場合には、やはり時間をかけるということが大切なんです。そして、認識することが大切です。そして、それをどうぞ思いっきり抱擁してあげてください。痛いよというのを、思いっきり認めてあげてください。

でも、自分にとってはもう何も意味がないということも理解してください。もう自分には何も意味がないから、愛されることを選ぶとしてください。私は愛としてしっかりと立ち上がります、としてください。私は愛を体現する、と立ち上がってください。

だからといって、はい、痛みがなくなりましたとはなりません。でも、意味するところは、あなたは、今どこに痛みの源があるのかを認識し、そして、自分の中のインナーチャイルドに、愛してるよ、大丈夫だよと言ってあげてください。私が自分のインナーチャイルドを世話してあげるよ、私たち、自分とそのインナーチャイルドは大丈夫だよと言ってあげてください。なぜならば、その痛みというのは、そのインナーチャイルドがもろに感じていることなのです。毎日、毎日、自分が過ごしている中で、認識をしてあげる。そして自分自身の力も認識してあげてください。パワーを。

そして、自分自身に言ってあげてください。私は愛を持っている。私が聖なる愛である。

私は愛を知っている。もし、その痛みが何かしらの虐待的な行為によってもたらされた痛みなのであれば、しっかり自分自身に約束をしてください。もうそんな状況では生きないと約束をしてください。あなたには選択があるのです。

自分のインナーチャイルドと一緒に、時を過ごしてください。なぜならば、その自分のインナーチャイルドだって苦しんでいるんです。痛みを感じているんです。だから、そのインナーチャイルドに自分の愛を与えてあげてください。時には、アイスクリームが一番の薬である時もあるんですよ。もしかしたら、チョコレートかもしれない。

ということで、いいんです。感じるということをしていただいて。その体験をしていただいて、いいんです。痛みの体験を。そして、バイバイって言ってもいいんです。終わった。そして、より良いやり方をぜひ手に入れようとしてください。

私からあなたにお伝えすることは、ぜひ日記をつけることです。感謝の日記をつけてください。愛の日記です。その日記の中で、少なくとも、誰かに対してその日に示した愛の表現を書き留めてください。自分自身に与えた愛も書き留めてください。そして、自分が許した行為も書き留めてください。相手に対して、状況に対して、その体験に対して、そして、自分を許してあげてください。なぜなら、過去は過去に過ぎないからです。

痛みは、スイッチでポンと消せるものではないです。今おっしゃった通りです。しかし、ちょっとボリュームを下げるということは、できるんです。そして、どんどんどん訓練をしていくと、今の感謝の日記、愛の日記をつけて練習をしていくと、すぐにちゃんと切れる、スイッチを切れるようになっていきます。そして、自分自身にあなたが愛であることを思い出させることができ、あなたは愛することができる人であるということを思い出すことができるんです。宇宙の愛です。それは、あなたの周りにしっかりと存在していますよ。愛の力です。祝福よ。今ので、助けになりましたか。

参加者　ちょっと言葉が出ないんですけど、すごく嬉しいです。

テリー　あなたは、大丈夫ですよ。今、大天使ミカエルがそこにいました。こうやって金の羽をバーッと、あなたの前にしっかりとこうやってシールドをしてくれました。そして、光の剣をこうやって高々と上げてくださいましたよ。あなたのためにね。そして、その剣を通じて愛をしっかりとあなたに届けてくださいました。愛の道、それはあなたが歩むものです。あなたは、聖なるマリアによって抱擁されています。小さい子として、あなたは抱擁されているのです。いいですか。呼んでも。

穴口　どうぞ。

テリー　今、私がチャネリングしていますよ、聖母マリアを。
さあ、私の光の子よ。あなたを小さい子どもとして抱きしめたことがあるのです。しばらく前に、私はあなたを愛しましたよ。そして、私の胸であなたをしっかりと抱きました。そして、あなたにお見せしました。本当の愛とは何かを。私はしばらく前にしっかりと教えたはずです、真の愛とは。もう、この痛みはあなたにとって良くありません。ですから、あなたのハートチャクラにしっかりと愛の息を吹き入れましたよ。
そうすれば、私の愛をここから感じることができるようになるからです。私があなたをぎゅっと抱きしめる時に、愛を持って抱きしめています。
はい、ということで聖母マリアも呼んでみました。

穴口　ありがとうございました。並木さんのところには、今、誰が。

並木　今ので、全てだと思いますよ。

Session 20
その痛みは、片翼が閉じているせいです！ 天使の翼を全開に……

穴口　じゃあ、次の方にいって大丈夫ですか。次の方、並木さんに。

並木　はい、今私にって指命した人。

参加者　ありがとうございます。

穴口　お名前から聞いていいですか。

参加者　N・Mと申します。よろしくお願いします。この5ヵ月間、すごい大変革というか、膿《うみ》が全部出た感じのすごいことが起きて、なんか0ポイントに戻れたかなって。その間、いろいろあって。今まで本当にいろいろ、私、ある方にシリウスから出て、いろんな星を回ってきたと言われて。それでやっぱりすごく自分自身が居場所がなくて、どこが自分の家なんだろうっていうのをずっと思いながら生きてきて、人に全て支配されてってい う生き方をしてきたのが全部本当にそれが認識できて、今ここに立ててるなっていう感じがします。このような素晴らしいフェス、本当にありがとうございました。

今、本当に私は何をしたいのかっていったら、やっぱりライトワーカーとして生きたいというのが、確実に今も確信としてあるんですね。今、右の肩甲骨がすごく痛かったりとか、肩が張ったりとか、それがなかなかずっと抜けない状態でいるんですけれど、それって自分の中で、なぜなのかすごく摑《つか》めないのと、やっぱりずっと恐怖を感じ続けて、焦りながら生きてきたので、すごく泌尿器系が弱かったりとかするんです。

そんな中で、家を出て一人で暮らしていて、断捨離して、自分の心の断捨離、物の断捨離、徹底的に断捨離してる時なんですけれど、今本当に自分に必要なことは何なのか、アドバイスいただけたらなと思います。

並木　まず、これに答えているのはアシュタールなんですけど、あなたは結局、本当の自分の人生っていうのをやっとスタートさせたのね。言い方を換えると。でも、この本当の人生をスタートさせていく時に、まずあなたのエネルギーレベルで何が起きているのか視ていった時、例えばよく翼って言うでしょ。天使の翼ってあるじゃない？　左側の翼だけは開いてるんだけど、右側の翼が閉じてるのね。これって、全部を開いていくと、あなたの人生が本当の意味でスタートするのね。

でも、本当の自分でやっと立ち始めて、言い方を換えると、あなたにとっては、まだ、よちよち歩きみたいな感じなの。そうすると、その新たな自分の人生を進んでいくのに、やっぱり恐怖が出てきたり、不安が出てきたりするのよ。そうすると、これ開いちゃうと全開で行かなきゃいけないから、閉じて、これを開かないようにしてるんだけど、もう開きたくて開きたくて、自分の内側はうずうずしてるわけ。でも、あなたはやっぱりまだ恐怖が残ってて、閉じてるのね。これのせめぎ合いが痛みになってます。分かりやすく言うと。

なので、そうだ、私は待ち望んでいた本当の自分の人生をスタートさせることができるんだ、やっと今そのスタートを切ったんだっていって、この閉じている羽も開こうって、あなたが決めるの、まず。そうやって、イメージの中で本当にこの肩甲骨のところから大きな翼がバコーンって開いて、両方とものすごい大きな翼を羽ばたかせた時に、その痛みも消えていきます。

そして、あなたの人生が加速して、あなたがやる必要のあること、そういったものに出会わせてくれる人だったり、情報だったり、何かがあなたの人生の中に入ってくるようになるって、彼は言うわけね。だから、結局これはあなたが前に進んでいくことへの抵抗の表れなんです。

参加者　そうなんですね。

並木　そう。なので、よし、私はもうこのタイミングでしっかりと生き方に変えていこう。今までの自分の思いを表現していこうっていって前に進み始めたら、本当に開いちゃうから。そうしたら、何か軽いかもってなって、さらに前に進んでいくことができるようになる、と彼は言ってきています。

ここで大事なのは、あなたは、例えばこういうことをやっていく、そしてこういう結果を出していくっていうふうに、決して形を作っていこうとしないことだって言うのね。ただあなたは自由に、自分らしく、自分の表現、真実を表現すること、思いを表現すること、例えばやりたくないことはやらない、行きたいところへは行くっていう、このシンプルさね。これで存在することだけに意識を向けなさいって。

そしたら、必要なことはちゃんとあなたに集まってきて、形が見えてくるようになるって。そして、これを自分はやるためにここに来たんだっていうのが自《おの》ずと観えてくるんだけど、それを探しに行こうとすると、途端に曇って観えなくなるって言ってくるのね。

だから、決して焦らずに今やっとよちよち歩きで、これから、私は自分の羽を広げて、自分の真実の道を歩いていこうってただ決めさえすればいいんだって。それだけで肩が軽くなってくるのが分かるよって。

もし、また痛みが出てきたら、私抵抗してるんだな、っていって、抵抗を外して、私は前に進んでいくって毎瞬決め直せばいいって。答えになってます？

参加者　はい。もう一つ、すごく敏感にいろいろなものを感じたりとか、中に受け入れちゃって、いろんなことを感じちゃうんですね。すごく。何かエネルギーも敏感に感じちゃうし、人のマイナスも全て敏感に感じすぎちゃう体質っていうのは、どう受け取ったらいいのかなって、ちょっと今思っていて。

並木　確かに、あなたの繊細な感性の賜物なんだけど、でもあなたがそれを感じる時には、あなたは、その相手や環境レベルで同じ次元にいるということです。分かりやすく言うと、何かを発信してる人がいた時に、あなたがその人と同じ次元にとどまっていれば、バシバシ感じます。だから、そういう時には、イメージで、今いるあなたの次元が自分の周りに広がっている状態を見てみるわけ。そしたら、自分の足元から突き上げる上昇気流が発生して、エレベーターで上に上に上がって行きながら、さらに上に出ちゃってください。

そうすると、今までの次元がスーッと下の方に降りていくことになります。そうして、あなたが感じていた問題や不快感などの一切ない開けた空間に出たって感じられたら、そこで深呼吸しているだけで、さっきまで感じていた居心地の悪さを感じてないっていうのが分かるから。今まで感じていた次元が下の方にあるって見えるから。そうすると、目の前に人がいても、感じ方が全然違うっていうふうになっていきます。だから、それをちょっと試してみてください。

参加者　ありがとうございます。

穴口　はい、ありがとうございました。今立っている方の横の列と縦の列の人にメッセージが来ていて、アシュタールが言っています。あなたはもう光の道を開いたばかりです。そのドアから戻ることなく、あなたが再度確信を持ってください。この確信を持つということはどういうことかというと、あなたが自らのパワーの保持者である、自らのパワーの一つに自己愛というものがあることを思い出してください。その自己愛を持って、あなた自身が自分自身とさらに深くつながる時が来たのです。

なぜならば、もうあなたは今日扉を開いたんです。扉を開いたということを忘れないでください。そして、あなたが後戻りするかしないか、今すぐに決めておいてください。一歩出たんです。そして、出たところにはもうすごい光の道が扇形に、たくさんの選択肢の光の道がもう見えてるんです。そこのどれかを一つ選んで、ここを出ていきましょうと。

そして、同時にあなた方が今日やったワークを思い出してください。あなたの中には3つの神聖な光のフレイムが既にあり、あの光のフレイムを開いた時には、あなただけの神聖なエネルギーで満ちている状態です。すなわち、それは誰かからネガティブなものをもらうことは既にない世界にあなたが行く術を、今日私たちから受け取ったということです。どうか、それを忘れないように。

次の方にいきます。この一番後ろの方の方です。

参加者　ありがとうございます。

穴口　ありがとうございます。ようこそ。お名前から。

参加者　K・Sと申します。よろしくお願いいたします。アシュタールや本来の自分や源に、より目覚めていきたいんですけれども、目覚めていくために今何か必要なことがありましたら、よろしくお願いいたします。

穴口　自分の話を聞きなさい。これは、ご本人のハイヤーセルフのようなんですけど、もっと私の話を聞いて、もっと私が本当にあなたに伝えたいことを聞く、ということをしてみてくださいと。あなたは、とてつもなく他者の話を聞く聞き上手です。それがあなたの才能であり、同時にそれを全てあなたが受け入れる、必要ないことさえも受け入れ続けていることがあるんです。

ということは、あなたとも深く絆を結ぶことをしてください。その絆というのは、今私は何を感じ、ここにいることをどのように心地良く感じ、そして私は今本当に何がやりたいことなのか、常にそれを聞き、今度は聞いたら、聞いて終わるんじゃなくて、聞いたら自分との約束を交わしてください。

例えば、今日の夜はうな丼だとか言ってきたら、もううな丼に意識を向けます。そして、その意識を向けたら、おいしいうな丼を自分に食べさせてやるのだって。そうすると、すごいおいしそうな丼屋さんのところにフォーカスがいきます。その時っていうのは、自分とその外の世界のフォーカスされたところに、一番最高の周波数で関われるんですね。それを日々トレーニングしてみてください。それは、ハイヤーセルフさんが言っていました、今。

Session 21
グランドアセンデッド・マスターの レディナダと大天使ザドキエル

穴口　並木さん、選んでもらっていいですか。

並木　立ち上がらんばかりに手を挙げている男性がいます。その方で。

参加者　ありがとうございます。K・Kと申します。よろしくお願いします。今回の1日ですね。このアシュタールフェスに参加して、一番響いたのは、やっぱりこれからリーダーシップを発揮してやっていくというところに、すごく何か心熱くなるようなものを感じました。聞きたいことは、ちょっとまた別で。
　お聞きしたいのは、今年の1月ぐらいにある方の講演会に行った後に、自分はスピリチュアルが好きなんだということを許可できて、そこから数日後に、普通にいつも通り朝起きて、出勤しようとした時に、急に何か白いドレスを着た、白だったか、薄ピンクだったか分からないですけど、花の冠を被《かぶ》った人が一瞬だけふわっと出てきたんです。その後、姿自体はその場しか見えなかったんですけど、そこから2～3週間、その女性だと思うんですけど、何か会話ができたんです。その会話をしてるうちに、その前にちょっと女性恐怖症みたいなところがあって、女性がすごく苦手なところがあったんですけど、その方、その見えない存在と2～3週間会話をする中で、何か女性に対する恐怖がだいぶ薄れてきて、女性と一緒にいることってすごく心地良いんだなということを、初めて感じることができたんです。

もし、そのしゃべってた存在が現実にいるんだったら実際に会ってみたいなと思いますし、もし違う次元にいる存在だとすると、もう一度しゃべりたいなと思っていて。改めて、その存在とのご縁をつなぐというか、つなぎ直せるような方法ってありますか。ちょっと非常に個人的な質問で申し訳ないです。

並木　譲り合ってる（笑）。テリーさんどうぞ。

テリー　私でもいいですよ。私でいいですか。ありがとうございます。

さてさて、あなたが話していたのは、ナダです。NADA、ナダ。レディナダです。素晴らしいグランドアセンデッド・マスターです。ピンクと金を纏《まと》っているんですけれども、あなたのツインフレーム（魂の片われ）をもたらすために降りてきました。そして、彼女が見せてくれようとしていたんです。そんなに彼女のこと怖がらなくていいよと言うために。女性に対しての恐怖心を持たなくていいのです。もし、ツインフレームに出会うのであれば、その相手に対して快適に思わなければなりません。今ね、彼女をチャネリングしますよ。

今、あなたの側《そば》にいます。愛をもたらすためです。そして、お見せするのがあなたがどれだけ美しいかということです。あなたが椅子に座りながら、あなたは非常に男性らしさを発揮されています。そして、あなたの周りの女性は、非常に女性的であります。しかし、あなたは男性性と女性性両方を持ち合わせています。そして、その両方があることを認識することは大切です。そして、それを認識することができれば、あなたの周りにいる女性は、あなたと全く変わらない人間であることを受け入れることができるでしょう。あなたと全く変わらないのです。

彼らだって、女性だって、怖がっているのですよ。女性性の中にも、女性の中にも男性性があります。そして、自分自身の女性らしさを発揮しているだけなのです。そしてあなたに会い、そして時々、その両方があるからこそ混乱を来すことがあります。どうぞ、女性に対して混乱しないでください。愛して然るべき存在が女性です。本当ですよ。非常に興味を持って、そして好奇心を持って、そしてあなた、男性を非常に素晴らしいものだと認識しています。

ですから、あなたの女性と一緒に過ごす時には、どうぞ自分自身の中の女性性を開いていくことを許してあげてください。怖がらないでください。そして、そうしながら、しっかりとあなたと会話をすることができるようになるでしょう。ちょっと変だなと思うかもしれないですけれども、あなたの光の一部となるのです。あなたと全く変わらないのです。

今ので少し助けになりましたか。

参加者　はい。ありがとうございました。

穴口　今の方へプラスアルファというか、この会場全員の方に対して何か伝えたいという、お座りになってください。

このアシュフェスに来た皆さんは、もう交信をするということさえも可能である、そういうゲートをくぐって今日はいるんですね。そして、いまのKさんのように、何か気のせいかもしれないけど、誰かが現れて、数日しか現れないっていうのは、あなたの映像を通してだけ来てるわけではなくて、全て振動数なんです。

今、大天使ザドキエルが来てるんですけど、あなた方は既に私たちとのつながり、コンタクトを始めているのです。そして、そのコンタクトを始めていることにあなたはついついこれは気のせいだった、何でもない、私の思考がそうしてただけだとやりすごさないようにしてほしいのです。

いよいよ、あなた方がこのアシュフェスを通して、あなたがフリー、自由になって、あなたが自分のパワーを取り戻した時に、よりあなた自身の崇高なあなたであるハイヤーセルフとつながり続け、いよいよ私たちとの交信はそのあなたがハイヤーセルフとつながり続けた高周波の状態で、私たちに発信、受信、私たちと交信、交流が続けられるのです。

そして、片やあなたはあなたの中の期待ということにおいて、期待、まるでそれは私たちと交信した時にはクリアな映画を見ているかのように映像も音も感覚もそのようにあなた方が人間とつながって交流しているかのように、期待をしてしまいすぎ、本来の繊細な、ささやかな私たちの周波数、ささやきさえもスルーしてきたのです。

しかしながら、たとえあなたの目に映っていなかったとしても、あなたの感性のそのピュアさの中で私たちとの交流を続け、そして問いかけ続け、そしてまた私たちに発信し続けることをやめないでほしいのです。なぜならば、もうあなたは既に、交流は日々日々、一瞬一瞬続けられるように今日はやって来たのです。アシュタールの母船が降ろされ、かなりの周波数をあなたはもう保持し、その高周波を完全にアンカー、固定している状態になっているのです。

あとは、あなたがどれだけあなたとつながり、あなたを信頼し、あなたの元にやって来たその周波数をあなたらしく言葉にするかどうかです。言葉でなければダンスでもいいのです。絵でもいいのです。いろいろなあなたの持っている感性、クリエイティビティを通しながら、私たちとの交流をやめることなく、続けてください。なぜならば、私たちはあなたと既に手に手を取った今日という1日があるのです。祝福をあなたの元へ。

並木　ちょっとさっきの質問された方に言っていいですか。そのままスルーしようと思ったんだけど、上が言うように言ってくるので伝えます。

あなたは、まぁ、あなただけに限らず、僕たちって何を通してこの人生を学ばなきゃいけないのかって言うのがあって、例えば、結婚を通してしか学べないことってあったりするのね。だから、これ結婚を通して学ばなきゃいけないっていうテーマがあるんだったら、やっぱり結婚する必要があるんです。分かりやすく言うと……。

あなたは、パートナーシップっていうものを通して学ぶ必要があるのね。つまり、本当の意味で愛し、愛されるということの関係性を通して学ぶテーマがあなたにはあるって、あなたのハイヤーセルフが言ってくるわけ。あなたには、その機会が訪れた時に、あなたは気付いていないかもしれないけど、ハイヤーセルフは前にじりじりとあなたを出そうとするわけ。だけど、あなたの方はじりじりと下がっていくのね。これをやってると、いつまで経ってもあなたはその関係性の中に踏み込めないって。

だから、強制手段みたいに、あなたの中にビジョンを見せて、そしてあなたの中の女性性を活性化させて、自分の中で女性と会話をするとか、女性と触れ合うっていうことに対する準備のために、ハイヤーセルフは見せてるんですって。そんな状態。

なので、もう俺はそういうことを受け入れていくタイミングを迎えていて、これ進めていかないと俺の人生が始まらないんだな、って覚悟を決めないと、先に進まんぞってあなたのハイヤーセルフは言ってくるのね。これは、今彼に言えば、彼は分かるっていうわけ。

なので、あなたがちゃんとその事実を受け入れて、そして、よし、見せたるか男をってやったら、そしたらあなたの人生は本当に開けていくことになり、あなたが望んでいる、いわゆる愛し、愛されるという関係性にしっかりと根付くことができますよって言っているのを、伝えてほしいと言ってくるので、伝えました。

穴口　ありがとうございます。そして、今日という素晴らしき出会いがあるならば、たくさんの出会いがここにあることを忘れないように。ありがとうございます。

Session 22
愛そのものは、愛以外の何ものでもないという世界

参加者　今日はどうもありがとうございます。質問なんですけど、並木さんが9月に言われてたことについて、ちょっと聞きたいことがあって、9月の秋分の日の説明で、人はいないってことの説明をされてたんですね。それで、スクリーンに個人が一人ずつ入っていて、みんなが見てる並木さんは自分仕様の並木さんですよって話を。

並木　自分バージョンね。

参加者　そこは分かったんですけど、もしAさんが私の言ったことに傷付いていて、Aさんに聞いたら、はい傷付いてますって言っても、Aさんは傷付いてないかもしれないっていうことについてをちょっと聞きたいなと。

並木　つまり、全てあなたのスクリーン内で起きていることなので、その傷付いたというAさんも、あなたの周波数で映し出しているあなたバージョンのAさんだってことです。

参加者　その私が120パーセントAさん傷付いてると思っても、60パーセントかもしれないとか、そういうことではなく？

並木　そういうことではなくて、シンプルにあなたが自分の現実を映し出しているのは分かるよね。そして、あなたが映し出しているそのAさんというのは、あなたがAさんがこういうふうに感じてるんじゃないか、こう思ってるんじゃないかって感じる時、それは全部Aさんではなくて、自分のものだってことです。

参加者　でも、Aさんが本当に傷付いてたりはしない？

並木　あのさ、Aさんはあなたが映し出しているあなたバージョンのAさんなので、あなたが傷付いていると思ってれば、それは傷付いてますと言うんですよ。分かる？　だから、あなたがそれを見た時に感じるものっていうのは、絶対あるでしょう、感じるものが。A

さんが傷付いたんじゃないかっていうのもそのバイブレーション、あなたがAさんにインタビューをして本当に傷付いている、本当に傷付いたのよっていうふうに言われた時に、あなたの中にまた感じるものがあるでしょう。つまり、これがそれを映し出しているフィルムになってるってこと。

だから、あなたはこれを手放していくじゃない。この感じているものが居心地良くなかったら、それを手放していくでしょう。そうすると、あなたの波動が上がっていくじゃない。そして、もっと上がっていくと調和の次元に出て、この調和の次元からさらに調和を映し出すことになります。そうすると、Aさんは全く違うAさんとして、あなたの目に映ることになります。分かる?

参加者　後半分かりましたけど、Aさんは傷付いてないんですか。

並木　じゃあ、角度を変えて、Aさんが傷付くかどうかはあなたが決めることではないのね。Aさんが傷付いたという体験をするのは、Aさん自身が自分が傷付くことを許した場合にのみ傷付くことができます。

なので、あなたがAさんの本当の気持ちをうかがい知ることはできないってことなんです。あなたが映しているAさんは、あくまであなたバージョンのAさんであって、本当のAさんではないからです。

参加者　Aさんは存在するけど、私バージョンのAさんなんですね。

並木　だから、人はいないっていうのは、そのAさんが存在していないってことじゃないんです。あなたが見ているのは、あくまであなたバージョンのAさんであって、本当のAさんを見ているのではないんだということ。分かる？

参加者　分かりました。ありがとうございました。9月の時にパソコンから見てたんですよ。なので、質問ができなくて。でも今、すっきりしました。

並木　そうか。良かった、良かった。今言った視点でこれから周りの人たちを見ていくと、そういうことなんだって腑に落ちると思います。ストンとやってくるからね。それ、頭に入れておいてください。

参加者　ありがとうございます。

穴口　何かテーマがね、最初に質問してくださった愛と傷がまた戻ってきてるんですね。愛と傷が。それで、その今マグダラのマリアがやって来ていて、マグダラのマリアの人生っていうのは、マスターとして地上を生きるという人生と共に、やはり一人の女性としてですね。人間の感情も含めて生きていた。その彼女が言っている愛と傷というか、愛についての話がやって来ているので、ちょっとお伝えしますね。私自身が間違いなくあなた方の目を通してあらゆる色を付けた存在として、今も残っています。

そして、私自身は、イエスが磔刑《たっけい》にあったそのそばで見ていた時の私というのは、選択肢があったのです。人間の一人の女性としてツインフレームを愛し、そしてそのツインフレームがこの肉体を離れていくそのプロセスは、私の中に執着というものがあったのです。そして、それは執着を持つことによって、同時に、私の愛するイエスは共にその時の時代に生きたマスターとして生きるということを選んでいました。

そして、私たちの神聖な約束の通りに私が選択したことがあったんです。それは、私たちがこの地上に愛そのものとなるという約束です。その約束を思い出した時、私の女性としての愛する人を失うという傷が癒えていったのです。瞬時に溶けていったのです。あなたが先ほど言った映像の世界、全てあなたであれば、真に傷付いていたのはあなたではなかったのでしょうか。もう一度、あなた自身に感じてみてください。そして、あなた自身の傷は、あなたという愛のその周波数を選んだ時に、あなたが愛である自分を思い出した時に、あなたの中でその傷付いたというひと時の体験が終わり、やがてそれが愛に変わった時に、もう一度あなた自身がその相手の人を見た時に、その存在も愛に見えるかもしれないのです。

どうか、愛そのものは、愛以外の何ものでもないという世界があるということをお伝えしたく、私がここに来たのです。そして、同時に愛そのものは、人間愛という中では素晴らしきカラフルなグラデーションがあるのです。その愛は、時としては憎しみのエネルギーへと落ちていきます。そして、許せない気持ち、嫉妬、いがみ合い、競争、それさえも私たちが見たものは全て愛は愛であるから、すなわち愛を選んでいない時のエネルギーは、ただただ周波数が異なるだけなのです。それが、人間の情の中においての憎しみや恨み、そのような言葉で表現されるものです。

愛の裏表をつくることをやめた時に、あなたはこの地上に存在するマスターの域に一歩を踏み出すことでしょう。いいえ、踏み出すというよりも、むしろそれをあなたは思い出していくことでしょう。どうか、その言葉を今日はあなたにお伝えします。

そして、私たちは人間の肉体を持って愛そのものになることを試し、実験し、可能にしたものです。すなわち、あなたもその遺伝子を持ち続け、そのバイブレーションに触れることが可能であることを覚えておいてください。愛は、ただ愛です。

テリー　私からもよろしいでしょうか。これに関して、もう一つ別の視点もお話ししましょう。Aさん、Bさんとあるわけなんですが、そしてAが何か傷付いたように見えると。見えるっていう単語を使ったのをぜひお気付きになってください。あなたが別の人の状況を理解しようとした時に、あなたの鏡を使ってその状況を見てるに過ぎないことを理解しましょう。あなたは、自分で自分の鏡を見ているんです。あなたは、彼らの鏡を使って状況を見ていない事実に気付きましょう。

あなたは、本当にAがどう感じているのか、知り得る由がないということを理解しましょう。Bが感じてることだって、分かり得ないわけなんですよ。自分が感じていることは、理解できます。同じ状況の中で。ですから、あなたはAは痛みがあるだろうと思っていても、本当のAはやったー、自由になったって思ってる可能性もあるわけです。分かんないんですよ、真実は。

あなたが他の人の状況を見つめている時に、あなたは自分自身を見ていることに気付きましょう。あなたは、自分が体験していることを見ているだけに過ぎないんです。ですから、ちょっと注意事項がここにあることを理解しましょう。覚えておいてください。あなたは、自分のことは理解しています。でも、他の人の間で起きていることは、知る由もないことを理解しましょう。Aがどういう状況にあったのかも分からず、Aが何をしていたのかも分からず、どんな感情がトリガーされたのかも分からないんです。Bがやっていたことも分からないんです。何が起きていたのか。どんな感情がトリガーされたのかも分かりません。あなたは、自分の中でどんな感情がトリガーされたのかしか知り得ないんです。

なぜならば、あなたの周りの人は、あなたのための鏡に過ぎないんです。そして、あなたは、あなた自身の中で見ているものしか相手に対して理解できない、見ることはできないということなんです。今ので、少しは役に立ちましたか。

なぜならば、今おっしゃっていたことは、Aは絶対痛かったはずっていうふうに聞こえたので。でもそれはあなたの鏡に映し出されたもので、Aの鏡に映し出されたこととは違ったわよということをお伝えしたかったんです。それで少しお役に立てれば、幸いです。

Session 23
孤独をマスターするために今ここにいる！ だから1人を最大限楽しんでください！

並木　ここの、僕のこの手の先の人。

穴口　こんにちは。

並木　こんにちは。

参加者　Ｙ・Ａと申します。私、すごく人見知りで、そう見られないんですけど、今こうしゃべってますけど、人の前でしゃべることも苦手だし、例えば人の輪があって、そこに入っていきたいんだけれど、つい後ろで引いてしまう。入って、仲良くできても楽しいんだけど、何となく本当にまだ開ききれてないっていうのがすごくあって。例えば、誰か先にどんどん行く人と一緒のグループだと、そこにくっついていけるんですけど、自分から一歩が踏み出せないというか。だけど、何となく仕事では前に出されてしまう。それがとても自分の中でのギャップというか、自分の気持ちが追いついていない。
だから、何かつい頑張んなきゃいけない、やんなきゃいけないっていう、まだ自分で、不安ではないんですけど、できてない。でも、やんなきゃいけない。そうすると、何となく周りの目が私を見て、だからそうしなきゃいけないっていうのをいろいろなワークをさせていただいても、やっぱり何となくそれがまだ抜けきれないので、ちょうどいい機会だったので、お尋ねしたいと思いました。

並木　まず、過去生の話になるけど、その輪廻転生の歴史の中では、ものすごく人とうまくやっていました。ものすごく、例えばいわゆる人気者って呼ばれる人っているじゃない。いつも人に囲まれていて、常に人の中心にいる、みたいな。そういう生き方をずっとしてきてるの。
でも、その生き方を通して何を学んだかっていうと、言い方を換えるとね、あなたは人の中にいないと自分を保てないっていうことを学んじゃったのね。分かる？　この学びって、わざと学びって言ってるんだけど、あなたがそういう生き方を通して学んでいっちゃったってこと、これは学ばなくていいことを学んじゃったって意味なんだよ。つまり、あなたは一人でいることができなくなっちゃったの。常に人がいないと、自分を保てない。いつも周りに人がいないと、自分らしくいられない。いつも人がいないとって、常に周りに人がいないと孤独で寂しくて、どうしようもなくなっちゃう。だから、また人の中に入っていく。そして、人の中に入っていけば、いつも自分を盛り立ててくれるし、いつも自分を引き立ててくれるしっていう、そういう人生を生きてたの。

それで、あなたは今回の人生では、孤独を知るってことが学びになってるの。テーマになってるの。人があなたの周りにいなくても、孤独でもあなたは自分の孤独を楽しむことができるのかどうか。孤独な中でも、自分を保つことができるかどうかっていう、これがテーマになっていて、あなたが早くこの学びを完成させた時、つまり一人でも、周りでわいわいやってる人がいて、でも何か自分だけ仲間はずれになってしまっているようで、寂しいなって、ぽつんとしちゃってるなっていう時でも、そういう捉え方じゃなく、これはこれで楽しい、一人でも全然何の問題もなく楽しめる、遊べる。

言い方を換えると、この孤独をマスターするっていうことがテーマになってるから、まずこれをあなたの中で、受け入れてみよう、としてみて。

例えば、人の中にいるのに何か急に孤独を感じて、ポンと弾き出されちゃったみたいな感じってあるじゃない、自分の中に。これを感じた時に、私、孤独をマスターするタイミングっていうのが今やって来てるんだわって思って、孤独でも、一人でも、それを楽しんでみようとしてみてください。

そうすると、だんだん平気になってくるの。人があなたの周りにいなくても、こっちですごいわいわいきゃっきゃやってても、あなたは一人でああ静かって、これって何て豊かなのかしらって思えるようになるよ。

そうなった時に、今度は本当の意味で人と関わることができるようになります。あなたが孤独をマスターして、一人自分と対峙《たいじ》して、自分との関係性っていうものが良好に保てるようになった時、本当の意味で人との関わりがスタートするって、ガイドが言うのね。

だから、これはあなたにとって、やっぱりそれって寂しいし、孤独だしって、だから今悩んで過ごしているんだけど、でもここを超えていくっていうことに意識を向けていかないと、ずっとこれに囚《とら》われ続ける。だから、もう思い切ってそうなんだ、私、孤独をマスターするために今ここにいるんだなっていって、一人を楽しんでみようって、最大限楽しんでみようって思ってみて。

そうすると、だんだん自分一人でいることが本当の意味で居心地良くなるから。そうなると、全然周りの人と緊張しないで話せてる自分に気付くから。

そこで、たとえば周りでこうやってグループになって、いつの間にか5人のグループであなたが一人だとするじゃない。４人がものすごくわいわいとやってても、全然そこで心地良くいられるようになるの。そうすると、私、何でこんなにハブられてるみたいになっちゃってるんだろう、なんて一切なくなって、そんな状態でも、全然心地良くいることができるようになるの。そういうあなたは、すごい魅力的になって、本当の意味で人を惹きつけることになります。伝わった？

参加者　はい、ありがとうございます。ちょっとそれが最近あって、一人が楽っていうのもあるんですね。

並木　そうだよね。だから、それを今、私はこの人生でしっかりとマスターしていくことが大事なんだってこと。つまり、あなたがそれを楽しめるようになったってことは、成長してるってことなんですよ。そして、もっとそれを深めていくの。でも、それは別にずっと一人でいてくださいっていうんじゃなくて、一人になった時、そういう状態になった時、これが私のテーマ、学びがやってきたんだなっていって、それを最大限楽しんでみようとする。

そうすると、本当に人と対しても、対峙してもっていう意味ね。全然緊張も感じないし、私は私、これでいいんだって自分らしくいられて、本当の意味で今までになかったような関係性を築いていくことができるようになるって。

参加者　はい、ありがとうございます。

穴口　付け加えますね。今、聞いた内容の中で、あなたに響いた真実はなんですか。今すごい素晴らしいメッセージを、本当に文字数にしたら10ページ分ぐらい言ってくれたのを自分の中に落とし込んで。

参加者　やっぱりどこかで、一人でいるのが不安っていうのがあったと思うんです。今、再確認。でも、最近いろいろなワークに出て、その中にいても何となく引いてる自分もいて、一人でも楽だなって。でも、何となくここにいた方がいいかなって、そういう行ったり来たりっていうのがちょっとあったんですね。

でも、今並木さんのおっしゃったことで、一人の時間、それをちょっと楽しみながらその中に属さなくてもいられる自分、そういうものを自分の中で落とし込んでやっていけたらなって。仕事ではどうしても人の中に入っていくので、そうじゃない時にそういうこともしていきたいなって思いました。あと、母性がないとも言われたので、それも。

並木　その時も、母性がないって言われた時に、あなたが何を感じるかなんだって。母性がないと決めるのは相手ではないからね。だから、あなたがその時にそうだなって思うんだったら、その母性というものを自分の中で高めていくためには何ができるだろうっていう問いかけが出てきたりはするけれど、別にそれをそのまんまあなたが受け取らなくたっていいんだよってこと。

そのことよりも、今あなたはその孤独をテーマに、一人でいる時間を心から楽しめるっていうことに今私のテーマがあるんだって、それを最大限に楽しんでいたら、その他の問題と思ってるものも、全部溶けて消えていきます。

参加者　分かりました。どうもありがとうございました。

テリー　どうもありがとうございました。

Session 24
ラストメッセージ：あなたの中にある「アシュフェスの周波数」を持ち帰ってください！

穴口　このアシュタールフェスで伝えている情報や、いろいろなところで私たちが伝えている情報は、鵜呑《うの》みにすることなくですね、自分にとって本当にどうなのか、今日扉を開いてケージから出たあなたは、本当にフリースピリットで、自由なんです。

そんな中で、すごい情報を受け取った中で、これが私の真実だし、これをやるのだっていうことを本当に自分の言葉として話す。これがアシュタールをはじめとした高次元存在たちの交信の始まりなんです。交信を続けたいから、この存在たちは私たちを通して伝えてくれてるので、だからこそ循環、ディスカッション、交流の時なんですね。それを受け取っていただけたらということを言っています。

テリー　そうですね。多くの皆さんが、全員ですね。生まれた時から教え込まれてます。ある方法で生きなさいと。社会の中に溶け込み、そしてルールを知り、社会の一員として生きなさいと。それも重要なんです。特に、日本のような小さい国では、確かに適合するということが必要されていることもあるのです。もちろん、他の国でもそういった傾向というのは、確かにあります。ルールがあります。あなたの学校の中では、黙っていた方がいいという教育も受けてきたかと思います。それは、世界中どこも一緒です。ですから、子どもの時に学んだことは、あるパターンで行動しなければならず、そして、相対的には静かでいることが良しとされてきたわけです。人生を教えられた通りに生きるわけです。

そして、大人になっていきます。そして、このルールから外れていこうとしていくわけです。そして、所属したい、どこかにという所属願望が出てきます。しかし、それってどうやって得るの。どうやったらば、教えられていない帰属意識を持つことができるのか。個人であるように学んできたわけです。あるスポーツのチームの一員になるというやり方は、学んだことがあるかもしれません。合唱団とか、バンドをやっている人であればね。

しかし、大人としては、それってどうやってやるんでしょう。そこにいたいと思う。しかし、あなたはやったことがない。どうやってこの知らない人たちの出来上がっているグループの中に入ったらいいんだろうと思う。

私から皆さんに、逆に挑戦状として突き付けさせていただきたいのは、もし誰か新しい人が、あなたがもう出来上がっている輪の中にいて、そこに入りたいのだとしたらば、どうぞあなたが手を差し伸べてあげてください。その入りたがっている人に。そして、ようこそ入ってくださいというのを言ってあげてください。そして、あなたはあなた、自分自身の使命を逆に作ってあげて、その人を快適に迎えてあげられるようにしてあげてください。新しい人は、何かの輪に入りたいと思ったけれども、入りにくいと感じたわけです。

もし、その中の誰か一人でも彼女を入れてあげようという心持ちがあったとすれば、たぶんもうちょっとうまくそのグループに入り込むことができたんじゃないかなと思うんです。これだって、愛なんですよ。これは、集合愛というものです。ですから、一人であるということももちろんいいんです。もちろん、自分自身の人生を自分自身の空間の中で生きるということもあっていいのです。そして、それを喜んでも結構です。それだっていいことです。

しかし、もしあなたが何かしらの集団行動に入りたい、交わりたいと思うのであれば、そしてあなたがどこかに入りたいと努力してみようと思っているのであれば、でも誰もようこそ、どうぞって言ってくれなかったら、ちょっと今の状況を説明しますねって言ってくれなかったとしたらば、ちょっとグループの人紹介しますねって言ってくれなかったとしたらば、新しい人は必ず苦戦し、そしてそこから出て行くことになります。

ですから、皆さんの仕事なんです。確実に新しい人を歓迎すること。電話番号を交換したり、Ｅメールを交換したり、あなたのＬＩＮＥを交換したりしてあげてください。彼らの人生をちょっとだけ良くしようとしてみてください。助けてあげてください。それは、とってもパワフルです。あなたならできるのです。とっても美しい親切のおもてなしです。必ずしも、その人を親友になさいなんて言ってません。でも、どうぞ新しい人を輪の中に入れてあげて、快適にさせてあげてください。そうしたらば、必ずちゃんと落ち着くところに落ち着くようになるのです。

繰り返しになりますが、もし自分は一人でいられるというのであれば、それはそれで１人でいればいいのです。しかし、あなたの輪の中に誰かが入りたそうにしていたら、どうぞ声をかけて、快適にできるように自分自身から紹介しにいったり、そしてその周りの人を紹介してあげるような心遣いをしてあげてください。質問に答えてあげてください。そして、どうぞその人がまた戻ってくるのを優しく迎え入れ、そして愛と共存することを、どうぞ協力的にしてあげてください。

穴口　はい、ありがとうございました。何と、残り時間10分です。ラストクエスチョンです。

参加者　私は、Y・Nと申します。本当に楽しみにしてまして、昨日誕生日で、並木先生が言われているように、昨日はスペシャルな1日を過ごすことができて、今日も本当にいいお話があって、良かったんです。それで、去年の4月か5月から並木先生の統合ワークとか、自分が行けるものに参加して、恵子さんのイベントにも参加させていただいて、自分自身が軽やかになって、アシュタールの言う愛だなとか、そういう光だなとか、すごく自分自身が感じることができて、今日来て良かったなっていう半面、自分自身が3人の子どもの母なんですけども、今日先ほど並木先生が子どもにも家族にもエネルギーを渡すことがないようにっておっしゃったんですが。

例えば長女は性同一性障害で、彼女は彼女なりにもう成人になって、県外で暮らしていて、いろいろ自分の中で悶々としながら頑張ってやってると思うんです。あの子が今生、私を母として、この親だったら分かると思って決めてきたのかなっていう感じで、こういうような統合ワークをして、自分自身が今ここまで来てるんです。

次男は、大学の時からお金の問題があり、いろいろとお金を借りて、回りまわって、もうどうしよう、どうしようって、お手上げ状態になって、そしてやっぱり相談してくるのは私で、これが最後っていうような感じで、親という気持ちもあるし、宇宙だったらどういうふうにサポートするんだろうって自分なりに聞きながらやってきています。社会人になって彼も2年目なんですけども、そこが自分のネックなのか分からないんですけども、やっぱり時々電話がかかってきて、私もやっぱり向き合うところって神社とかそういうところに行く。他人にあんまりこぼすのも言霊が影響すると思うので、見えない神にどうぞお導きくださいと、そういう感じでいつもお願いしてるんですけども。

今日皆さんとこのエネルギーの中で、愛の方に自分が向かいたいと思う半面、離れて暮らしてみんな成人になってるんですけども、やはり子どものことをどうしても対処しないといけない。今先生がおっしゃってるようにだんだんゲートは閉まっていく。私が上がっていけば、いつか子どもたちも一緒に上がっていくのかなって、ただそれだけを信じてやっているんですけども、もし何かメッセージを頂けたらありがたいなと思って。お願いします。

並木　まず、お誕生日おめでとうございます。

穴口　おめでとう。

並木　誕生日って、本当に僕たちが自分の人生の流れを今までとは全く違うものに変えていくことができるぐらい、パワフルな日なのね。だから、あなたが今語ってたでしょ。娘はこうで、息子はこうでっていうふうに。この語るのをまずやめないと。

あなたは、もう全く新しい流れにシフトしたいっていう、この思いは真実でしょ。そうだよね。そうしたら、今までみたいに語っていると、肉体って共振管みたいなものだから、もっとそれを共振させて増幅し、リアルにリアルに体験することになります。

大事なポイントは、あなたが、お嬢さんのことを見たり、息子さんのことを見たりした時に感じるものがあるでしょ。これをまず一つひとつ丁寧に手放していく。

対処しちゃうようなことってあるのよ、やっぱり。お金ちょうだい、って言われると、やっぱりあげなきゃいけないみたいな時ってあったりするわけ、例えば。でも、そうなっても、それをやった時に感じる感覚っていうのがあるじゃない。あぁ、またやっちゃったなとか、いつまでこれが続くんだろうとか、いろいろあるじゃない。これをまず外すわけよ。

こうやって、一つひとつ手放していって、とにかくあなたが波動を上げていくと、イメージでちょっと見てほしいんだけど、トランポリンにぴよーんってジャンプして乗ると、ぴよーんって沈むじゃない。その時に、周りのものも全部そこに巻き込まれていくみたいになるの、分かるよね。

あなたがとにかく、そのお子さんたちのことを通して出てくる周波数を手放して、ぴょーんって上に突き抜けていくと、全部ボルトも上がっていくのね。だから、急に気付き始めるの。もうこんなにお金のことでだらしないことばっかりやってる場合じゃないなとか、いろんなことが。

だから、そういう部分で言うと、本当にあなたはこれに対処しながら、対処しながら進んで行くんではなく、まずは、自分の現実を使って、突き抜けちゃうぐらいに波動を上げていくことが大事。さっきアシュタールが言ってたじゃない。テリーの。鏡なんだって。これ私の中にあるものなんだ、子どものことは別じゃないんだ、お金のことは別じゃないんだって捉えて、しっかりと自分に意識を向けることで自分軸に立てるようになると、変わり始めるのが分かるから。

なんか、娘も大丈夫かも。最近、息子もいい感じじゃないっていうふうに見えてくるのね。でも、これに対処したり、語ったりしていると、ますますあなたの使っている波動が強くなって、もっともっと、その問題だと思っているものが、複雑になります。

そして誕生日を迎えて、せっかく新しい流れに乗って行こうとしているんだから、もう望まない現実は終わりにしましょう。まず、あなたの後ろを振り返って、今までのあなたの生き方が列車みたいに何両も何両も連なってるのを見るわけ。この腰ぐらいのところに連結部があって、私はこれずっと引きずる生き方、息子のこと、娘のことっていうふうに引きずる生き方はもうやめようっていって、ガッて摑むじゃない、その連結部分を。そしたら、これをがっこんって外して手を離すと、『銀河鉄道999』みたいにふわーんって飛んでいくの。飛んでいって、飛んでいって、きらーんって光って消えていくのをイメージで見てみて。そしたら、一つ大きく深呼吸して、よし、私は今まっさらだから、これから私の生きたい人生を生きるって決めるの。

そうなった時に、お子さんたちもみんながみんな自立して立っていて、あなたも自分で立っていて、みんなが自立して幸せに生きているっていう世界に行きたいでしょ？　そしたら、あなたの周りに扉がいっぱいあるのを見てください。こうやって、まず外した後だよ。外すと、何が起きるかっていうと、今この瞬間だけにいることができるようになります。過去を引きずってないから。今この瞬間しかない。この瞬間は、たくさんの可能性がいっぱい扉で開いてるの、実は。誰にとってもね。

あなたは、その扉の中で、家族が自立して、みんなが幸せに豊かに過ごしている世界ってどこにあるのかしらって見てると、ある扉が光って見えたり、こっちだよって教えてくれるのが絶対にあるの。惹かれるみたいに。そしたら、よし、じゃあ私はその世界を生きるって決めて、その中に本当に歩いて入っていってください。その中に、クリスタルの体で立ってる自分がいるから、探して。クリスタルの体で立ってる私はどこにいるのかしらって探してください。

そしたら、その自分に重なって、ここで深呼吸していると、その、家族みんなが自立して幸せで豊かになっている世界の自分の波動をインストールすることができます。インストールすると、あなたが使っているフィルムを換えることになり、何か最近子どもが変わってきたじゃないって見えるようになる。だから、その簡単さをあなたが受け入れてくれれば、変わっていけるよ。

でも、そんなことで変わるわけがない、だって私こんなに長年苦労してきたんだもんってやっちゃうと、今まで通りの体験が続きます。どっちを選ぶ?

参加者　自分が本当に手放す方を選びます。

並木　そうしたら、またやってるなって、またつなげてやってるなって、あなたはきらんって光って消したはずなのに、なぜか同じことが続くなって感じるときは、透明なゴムの手を、宇宙に飛ばしたはずの列車に、ズイーッと伸ばしてて、いつでもつなげるようにしてるってことなのね。なぜなら、今までの生き方って僕たちにとってなじみ深くて、これを完全に手放すのって確かに口で言うほど簡単じゃないの。だから、飛ばしたはずの列車を、もう一回摑み直そうとするんです。

なので、また同じことをやってるなって思ったら、すぐに手放して、宇宙に消し去って、改めて、自分の望む扉を見付けて、そこに入っていって、クリスタルに重なってインストールする。これを繰り返してごらん。絶対に見える景色が変わってくるから。

でも、息子さんだってちょっとずつ違ってきてるなっていうのは見えるでしょ。

参加者　変わってきました。

並木　お嬢さんだって、今そういうふうに悶々とって言ってたけど、ちゃんと自分の道を歩み始めたってガイドが言ってるよ。それ、分かるでしょ。

参加者　はい。

並木　そしたら、大丈夫じゃない。あとは、信頼してあげるだけじゃない。そうだよね。これからますます良くなっていくって、ワクワクしてください。

参加者　はい。ありがとうございます。

穴口　はい、ありがとうございました。この今の方のストーリーのように、皆さんの中にもいろんなストーリーがあるわけですよね。そして、過去のストーリーに生き続ける限り、またそこにバックファイアーして戻っていくんですね。でも、今日皆さんはアシュタールの母船の中に来て、そしてその振動数を受け取って、そして本当に自由になった自分がいるんです。ここからは、あなたがストーリーに入った時に誰が止めるかというと、あなた自身の真実がこのストーリーを止められるんです。あなたは、もう既にこの愛の周波数の世界で進化した一歩を踏み出して、光の道を歩んでいるんです。あなたが瞬間瞬間、選び続ける人生があるんです。

そして、今日アシュタールが言ってたのは、あなたの英雄の伝説なんです。一人ひとりが神であり、創造主であるその伝説を、そのラインを忘れないように。そして、もうそれはアンカーされつつあるんです。もちろん、それはあなたの自由意思と覚悟の下にね。目覚め続けて覚悟したら、すぐに分かるんです。ストーリーに入ってることが。

あのさ、息子がさ、ストップ。これは、自分がストップすることによって、新しいあなたの方、愛の世界を知って思い出したあなたの世界がもう既に広がります。その広がりは、ヴォルテックスに見えるんですね。そのヴォルテックスの中に常に入っている、センターにいる自分を感じてください。そこには1ミリの迷いもないあなたがもうクリスタルの体で立っているんです。一体化してるんです、ハイヤーセルフと。

どうか、その自分というものを忘れることなく、このアシュフェスの周波数を持って帰って、今日外に出た時のあなたをキャッチしてあげてください。

そして、目覚めるというのは、気付き続けて、あなたの真実の道の中に入り続けることです。そして、それを知らすということなんです。知らすっていうのは、周りと交信し合うんです。今日ここで出会った一人ひとりが、そういう交信できる存在です。

どうか、お互いがその高周波の存在としてお互いを認識し合う日々を、これからも送っていただけたらいいなと思います。本当にアシュフェスに来ていただき、ありがとうございました。では、最後一言ずつ。

テリー　じゃあ、戻しちゃっていいですか。

穴口　戻ってもらいます。

テリー　じゃあ、皆さん、力貸していただいて。では、私、出発いたします。それでは、失礼いたします。ありがとうございました。

穴口　テリー、お帰り。ありがとう。

テリー　ＯＫです。

穴口　では、並木さん、どうぞ。

並木　はい。本当に皆さん、このフェスは、すごく意義深いフェスだったなって感じました。垣根を越えてチャネラー同士ってなかなか、こう……分かる？　この存在は、私がチャネリングしてるんだからっていうのがあるでしょ、世の中に。そういう何となく摩擦みたいなものってあったりするんだけど、人間的なレベルでね。でも、そういうところの垣根を越えて、同じアシュタールという存在をみんなそれぞれ違う側面から受け取る。そして、それを一つの会として提供するっていうのが、とても意義深いことなんですよね。

今アシュタールはやって来てますけど、やって来てるというか、ここに意識を向けてますけどって言った方が正しいんですけど、やっぱり彼が常に言ってきてること、そして今も言ってきてることは、やっぱり自分に力を取り戻していくっていうことなんですね。この自分に力を取り戻すことが、今回皆さんが生まれてきた、いわゆる使命であり、役割であり、テーマなんですって。

なので、この自分に力を取り戻す時っていうのは、もう周りの情報に振り回されない、周りの人に振り回されない、そして、情報がやって来た時に、常に自分のフィルターを通してちゃんと精査していくって、この姿勢が絶対的に求められるんですって。

その時、大事なポイントは、その情報が正しいか間違っているか、嘘か誠かではなく、この情報が私に役に立つのかどうか、これを基準にしてほしいって彼は言うのね。この人は嘘を言っている、この人は間違っているってやってしまうと、あなたは本筋からずれます。

そうじゃなくて、この人の言っているこの部分はすごく共感できる、つまり私に役に立つってことなので、それは取り入れていこう、この人はちょっとあの人と言ってることは違うんだけど、この部分はすごい私共感できるんだよね、役立つって感じるんだよねって思ったら、それは取り入れていくっていうのを繰り返していくことで、あなたの軸というものが確立していくのね。

だから、そういう意識になると誰をもジャッジしなくなります。この批判や非難がなくならない限り、あなたは決して目を醒ますことはないんですね。なので、アシュタールは、そこをくれぐれも忘れないことというふうに言っています。あなた方が自我の壁を抜けていく時、その時目醒めが起きるんだけど、この最後の登竜門が非難や批判、いわゆるジャッジなんですよ。だから、ここから抜けていく、その先に出ていくっていう時、あなたはその部分を手放していかなきゃいけない。

そのためには、今言った視点が必要なんですって。この人が正しい、間違ってるじゃなく、私はこの部分にはＯＫが出せる、ここは腑に落ちるから、自分にとっての真実として受け入れるっていう、この視点ね。

これが本当に自分軸に立つということであり、全てと調和しながら上がっていくことのできる大事な大事な鍵になっているって言ってますので、皆さんもぜひその視点をしっかりと、今日を機会に身につけていただけたらと思います。本当にありがとうございました。

穴口　ありがとうございました。

テリー　今日は本当に光栄でございました。皆様、本当に素晴らしい経験をされたんではないかと思います。素晴らしい3名のマスターの視点からアシュタールを見ることができるということで、皆様一人ひとりにアシュタールが訪問しております。誰をも通じて、アシュタールはチャネリングすることができるのです。ですから、あなたがエネルギーをちゃんと自分の中に流す準備さえできていれば、本当にアシュタールとは美しい愛のエネルギーそのものなのです。

あなたは、アシュタールの子どもですよ、と今アシュタールが言ってくれています。子どもである皆様、無条件に愛を施しなさいと言っています。自分の条件というのを横に置いて、そしてどうぞ心を開きなさいと。なぜならば、無条件の愛というのは、世界を癒やすことができるからです。

そして、あなた次第なのです。あなたならできると私は信じています。できるとアシュタールも言ってくれていますよ。皆様ありがとうございます。恵子さん、本当にこの素晴らしいイベントをお支えくださいまして、ありがとうございました。本当にありがとうございました。

穴口　皆さん、ありがとうございました。通訳のヤヨイさん、ブレイク中もずっと通訳していただきました。ありがとうございました。そして、美しいクリスタルボウルを奏でてくださったのは、井上靖子さんでした。司会の松原由季ちゃん、どうもありがとうございました。そして、この会場が決まった日からですね、毎日フォーカスしてくれたチームダイナビジョンに感謝します。ありがとう。皆さん、ここに来てくれて、ありがとうございました。

穴口恵子　あなぐち　けいこ

スピリアルライフ提唱者、株式会社ダイナビジョン代表取締役。

スピリチュアル（目に見えない世界）とリアル（現実）を統合して、日々の生活のなかで実践するスピリアルライフを通し、誰もが無限の可能性を開き、人生のバランスをとりながら幸せで豊かに生きることを提唱する。

現在、日本でスピリチュアルスクールやショップの運営、セミナー事業等を行うかたわら、聖地として名高いアメリカのシャスタ山でもショップを運営している。特に、スピリアルライフをサポートするセラピストの育成に力を入れており、オリジナルのヒーリングやチャネリングメソッド、瞑想法、認定コースを全国で開催、アントレプレナー育成を積極的に行い、これまでに著名なスピリチュアルリーダーなど2000名以上のセラピストを輩出している。

世界中にスピリアルライフを広めることで、世界平和を実現することを目標に掲げ、年間の２分の１を海外の聖地で過ごし、スピリアルライフを楽しみながら、執筆・セミナー活動を行っている。「年の半分、海外の聖地をまわる社長」としても知られ、経営手法は独特である。自分の枠を外し、楽しみながらスピリアルな生き方で可能性を開きたいと思う人たちに勇気を与えている。

著書に『アセンデッド・マスターより、光のメッセージ』（クローバー出版）、『叶える力』『魔女入門』（きずな出版）、『１日３分瞑想してお金持ちになる方法』（光文社）、『まんがでわかるお金と仲良しになる本』（イースト・プレス）、『人生に奇跡を起こす「引き寄せ」の法則』（大和書房）、『あなたにもできる！　スピリチュアル・キャリアのつくり方』（廣済堂出版）など多数。

公式ブログ　https://ameblo.jp/keikoanaguchi/

株式会社ダイナビジョン公式HP　http://www.dynavision.co.jp/

並木良和　なみき よしかず
幼少期よりサイキック能力（霊能力）を自覚し、高校入学と同時に霊能力者に師事、整体師として働いたのち、本格的にスピリチュアル――霊魂、精神――のカウンセラーとして独立。
現在は、人種、宗教、男女の垣根を越えて、高次の叡智に繋がり宇宙の真理や本質である「愛と調和」を世界中に広めるニューリーダーとして、ワークショップ、個人セッション、講演会の開催等活発な活動を通じて、世界中で10,000名以上のクライアントに支持されている。
著書に『目醒めへのパスポート』『みんな誰もが神様だった』『ほら起きて！目醒まし時計が鳴ってるよ』他があり（いずれもベストセラー）、執筆活動と同時に様々な媒体で活躍の場を広げている。

テリー・サイモンズ　Terrie Symons
アメリカ・オレゴン州生まれ。オレゴン州立大学の家政学科を卒業し、15年間の公立学校教諭の経験を通して、人間の発達への深い理解を得る。また牧師への道を志し、セドナのメタフィジックス・ユニバーシティ、真思想牧師学博士号を取得。1996年に国際形而上牧師学の任命牧師となる。
1990年にあるスピリットが彼女の元に降臨、ライトワーカー、トランスチャネラーとしてスピリットを降ろす能力に目覚める。非常に多くのスピリットがテリーとコンタクトを試みるも、メッセージをくれるのは１人の存在に限るよう、テリー本人が願い出たところ、名乗りをあげたのが、「アシュタール」である。それ以来、メッセージは地球人に大いなる啓示を与え続けている。テリーは他の光のスピリットともコンタクトを取ることができるが、全てアシュタールの光と神の扉を通して語り掛けていく。トランスチャネラーとしての能力を活かし、スピリットからのメッセージと波動（エネルギー）を伝え、人々が過去を理解し、可能性や夢のゲートを開くことによって、より良い人生を見出していくサポートをすることに使命を持って、世界中でライトワーカーとして活動中。

【アシュタール母船内のワーク動画プレゼント】

この本を手にとっていただき、ありがとうございます。
この本ではご案内できなかった、
「アシュタール母船内のエネルギーワーク」を
テリー・サイモンズと穴口恵子がプレゼントいたします。

あなたもアシュタールの母船内の高周波を体験して、
エネルギーワークを受け取ることにより、
あなたが高次元存在との繋がりを深めることができるチャンス！

そして、これから250年続く風の時代にあなたが地球天国で、
創造主として如何に生きるかを鮮明に受け取ることができる
アシュタール母船内での瞑想を体験してみてください。

⬅お申し込みはこちらから！

穴口恵子＆テリー・サイモンズ

アシュタール宇宙船内セッション

第一刷　2020年8月31日

著者　並木良和
穴口恵子
テリー・サイモンズ

発行人　石井健資
発行所　株式会社ヒカルランド
〒162-0821　東京都新宿区津久戸町3-11　TH1ビル6F
電話　03-6265-0852　ファックス　03-6265-0853
http://www.hikaruland.co.jp　info@hikaruland.co.jp
振替　00180-8-496587

本文・カバー・製本　中央精版印刷株式会社
DTP　株式会社キャップス
編集担当　溝口立太

ISBN978-4-86471-909-4

ヒカルランド YouTubeチャンネル

ヒカルランドでは YouTube を通じて、新刊書籍のご紹介を中心に、セミナーや一押しグッズの情報など、たくさんの動画を日々公開しております。著者ご本人が登場する回もありますので、ヒカルランドのセミナーになかなか足を運べない方には、素顔が覗ける貴重なチャンスです！ぜひチャンネル登録して、パソコンやスマホでヒカルランドから発信する耳よりな情報をいち早くチェックしてくださいね♪

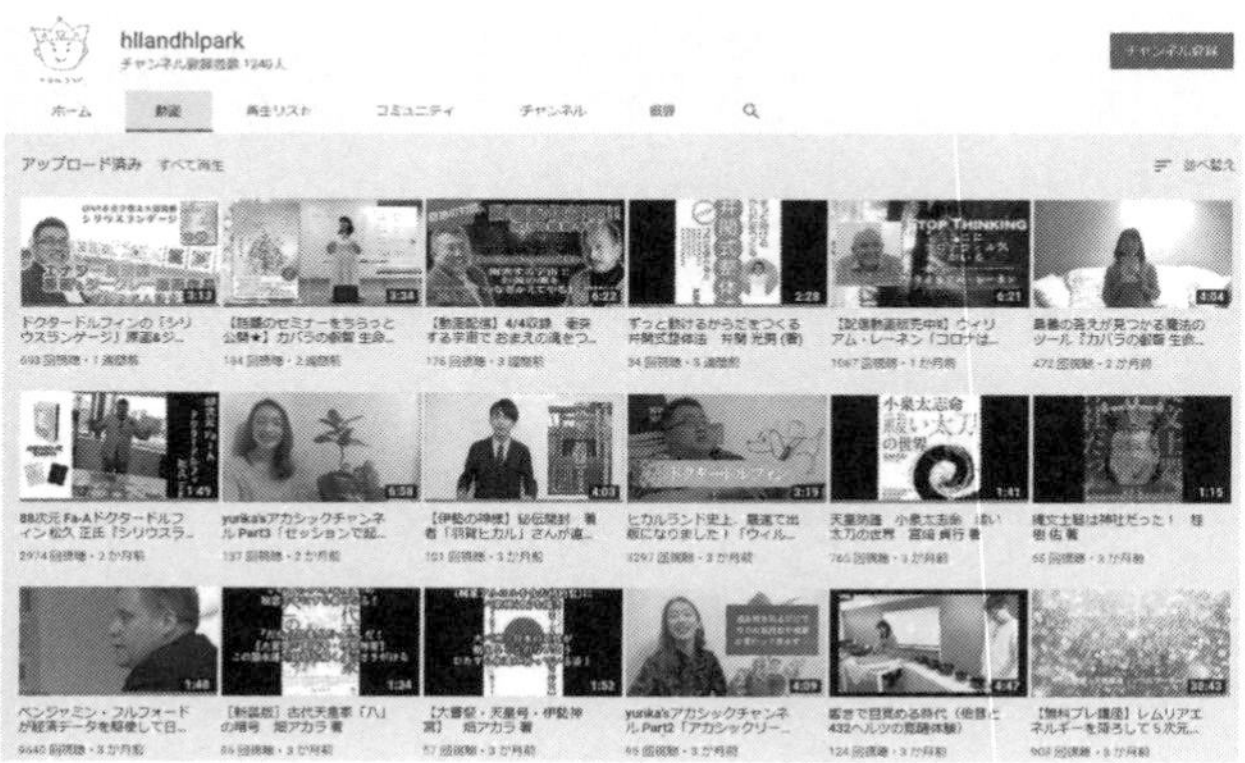

続々と配信中!!

新刊情報

グッズ情報

著者からメッセージも!

ヒカルランド YouTube チャンネルはコチラ！

https://www.youtube.com/user/kshcoidhasohf/featured

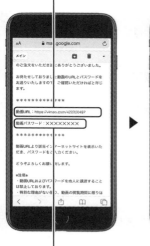

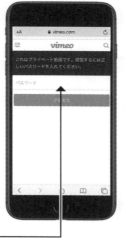

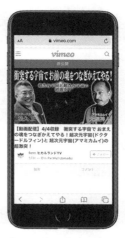

イチオシ動画！

★破滅に向かう世界を救うただ一つの方法　若者たちへ告ぐ。未来を一緒に創ろう!

出演:池田整治、ドクターX、坂の上零
8,000円
195分

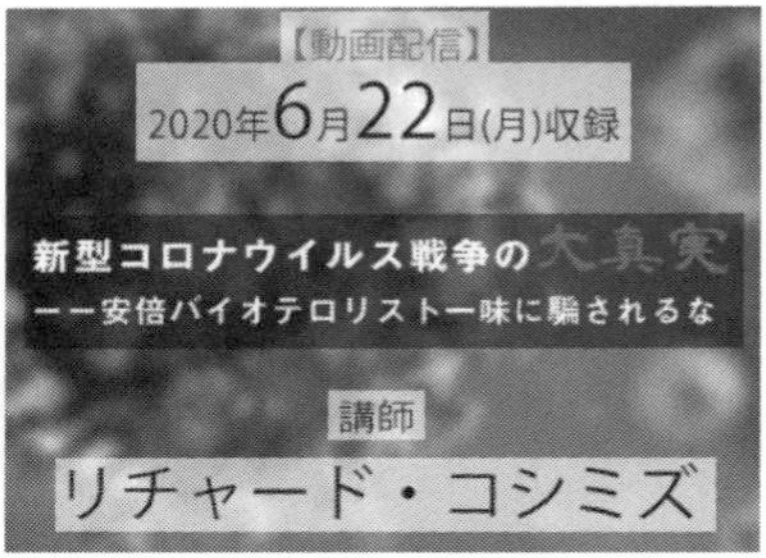

新型コロナウイルス戦争の大真実——安倍バイオテロリスト一味に騙されるな

出演:リチャード・コシミズ
2,000円（前編）
2,000円（後編）
3,000円（前後編セット）
59分（前編）／
55分（後編）

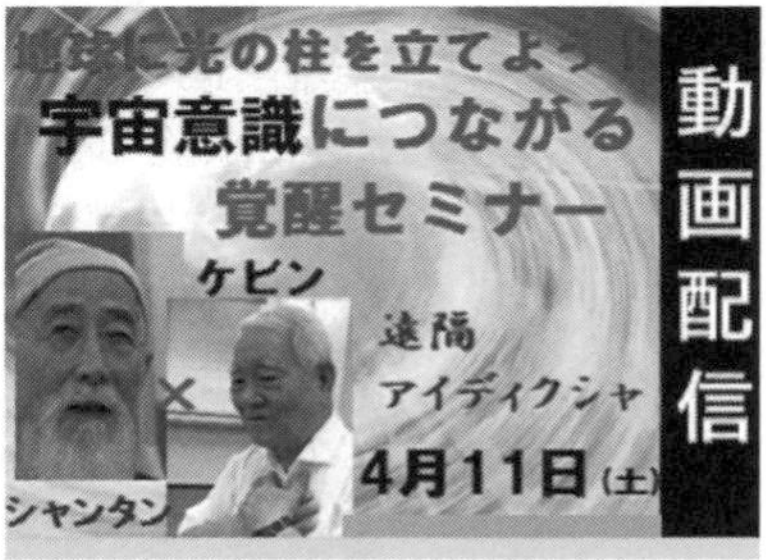

宇宙意識につながる覚醒セミナー

出演:中西研二（ケビン）、宮井陸郎（シャンタン）
12,000円
137分

ハートの聖なる空間から生きる—『ダイヴ！ into アセンション』出版記念セミナー&瞑想会

出演:横河サラ
6,000円
110分